OHSAMA BUNKO

読んで歩く「とっておき」京都

高橋マキ［著］
内藤貞保［写真］

はじめに

◆365日を京都で暮らすわたしの「とっておきの京都」へご案内します

毎日を京都で暮らしていれば、あたりまえの景色、あたりまえの習慣、あたりまえの街並み――けれど、この「あたりまえ」の中に、人々の心をひきつけてやまない「特別な何か」がある。

だからこそ、京都には世界中から、たくさんの人たちが訪れるのでしょう。

世界遺産のお寺や神社を巡ったり、桜や紅葉を見に行ったりといった楽しみ方も、まさに京都ならでは。でも、京都の魅力はそれだけではありません。

たとえば、季節の移り変わり。

京都に暮らしていると、街を歩いているとコンチキチン……とどこからか聞こえてくる祇園《ぎおん》祭のお囃子《はやし》の練習の音で夏の到来を感じたり、なにげなく寄った和菓子屋さんの店頭で梅の意匠のお菓子を見つけて初春の訪れを感じたり。「季節の気配」と暮らしが一体となっていて、そういった「気配」や「旬」みたいなものをつぶさに訪ねてみるのもまた、この街を旅することの醍醐味《だいごみ》ではないかと思うのです。

一年のうちでも限られた時期にしか食べられない和菓子、月々に催される市やお祭りなど、「その時期、その場所だからこそ楽しめる特別な何か」が京都にはたくさんあるのです。

京都は小さな街ですから、そういった旅のヒントは、コツさえつかめば意外とカンタンにわかります。

文庫本というのは、そんな小さな街の1年分のささやかなヒントを閉じ込めるのに、ちょうどいいサイズ。

「次のお休みに京都に行きたいなあ」と、つい思ってしまうみなさんが「読むだけで歩いた気分になれる」ように……と心がけて書きました。

紹介しているお散歩コースは、あくまでひとつの目安です。

「ここをこう歩け！」と押し付けがましいことを言うつもりはありません。四角四面にルート通りに歩くのではなく、わき道、寄り道をくりかえして、予想もしなかった出会いを楽しんでください。

実際に京都へ行くときには、ぜひ本書を旅路のお供にしていただいて、どんどん自分のペースで歩いてみてください。

目にとまったお店に入ってみたり、地元の人に道を聞いたり、それをきっかけに少しだけ会話をしてみたり。

それがきっとあなたの「とっておき京都」へつながる、はじめの扉。たった2日間の週末、たった1日のお休みさえ、ぜいたくな時間になることでしょう。

もちろん、「とっておき」の物差しは、人によって異なります。

でも、わたしの「とっておき」が、あなただけの「とっておき」への扉を開くナビゲーターとなるなら、とてもうれしいです。

高橋マキ

もくじ

12月（師走）1月（睦月）2月（如月）

冬の「とっておき」散歩道

◆気軽に、でも、深くまで「古都を味わう」

3月（弥生） 4月（卯月） 5月（皐月）

春の「とっておき」散歩道

◆ゆっくりと歩く・日常を忘れる・自然にひたる

6月（水無月）7月（文月）8月（葉月）

夏の「とっておき」散歩道

◆「夏の京都の過ごし方」――どう歩く？ どう楽しむ？

秋の道草コラム

冬の道草コラム

春の道草コラム

夏の道草コラム

本文写真＝内藤貞保
本文ＤＴＰ＝ファクトリー・ウォーター（松尾容巳子）
※本書の情報は、２０１１年８月末現在で入手できる最新情報をもとに作成しています。

行事カレンダー

9月——長月《ながつき》

観月《かんげつ》茶会（退蔵院）中秋の名月
義経祭《よしつねさい》（鞍馬寺）15日
萩《はぎ》まつり（梨木《なしのき》神社）第3土曜日、第4日曜日
櫛祭《くしまつり》（安井金毘羅宮《やすいこんぴらぐう》）第4月曜日

10月——神無月《かんなづき》

ずいき祭（北野天満宮）1～5日
秋の壬生《みぶ》狂言（壬生寺）体育の日前後の連休3日間
粟田《あわた》神社大祭（粟田神社）体育の日、体育の日前日、15日
人形供養《くよう》（宝鏡寺）14日
笠懸《かさがけ》神事（上賀茂神社）第3日曜日
時代祭（平安神宮・京都御所）22日
鞍馬《くらま》の火祭り（由岐《ゆき》神社）22日

11月——霜月《しもつき》

亥子祭《いのこさい》（護王神社）1日
秋の古本祭（知恩寺）1日前後の5日間
祇園《ぎおん》をどり（祇園甲部《こうぶ》歌舞練場）1～10日
お火焚祭《ひたきさい》（市内各神社）

秋の「とっておき」散歩道

◆紅葉、甘味、社寺……
「ぜいたくな旅」へご案内

9月
長月

10月
神無月

11月
霜月

京小物に、甘いもん……
昼の〝花街〟の楽しみ方

【祇園《ぎおん》】

芸妓さん、舞妓さんが行き交う花街・祇園は、京都のなかでも特別な街。

昔ながらの京都の街なみが、あちこちに残っています。

今なお、お茶屋さんが軒《のき》を連《つら》ね、夕方になると芸舞妓さんが通りに出てきて、〝おだんご柄〟の提灯《ちょうちん》がともる。紅殻格《べんがらごう》子《し》が続く街なかで、日々くり返される光景です。

秋の京都というと、つい紅葉の山や、静かなお寺だけに目を向けがちですが、昼間の〝祇園〟は街歩きをするにはもってこいの場所。

「祇園で遊ぶ」、などという言い方をすれば、なにやらツウな大人の男性だけが遊ぶことを許された街であるように聞こ

START!
辰巳《たつみ》神社
← 徒歩
ぎをん小森
← 徒歩
祇園小石
← 徒歩
甘味処 ぎおん楽楽《らくらく》
← 徒歩
祇園甲部歌舞練場《こうぶかぶれんじょう》
← 徒歩
建仁寺《けんにんじ》

「ぎをん小森」のパフェで一服

えるけれど……日中は、ちがいます。

たとえば、愛らしいつまみ細工のかんざし、思わずため息が出るほど美しい帯留、和の香りに惹《ひ》かれる匂い袋。芸妓さんや舞妓さん、それに南座《みなみざ》（歌舞伎や演劇が行なわれる日本最古の劇場）に出演する役者さんたちに選ばれる、一流のモノがショーウインドーに並びます。

また、舞や三味線のお稽古の合間に彼女たちが立ち寄るおいしいおうどん屋さんや気のきいた甘味処が、ちいさなこの花街にギュッとそろっている——だから、京都歩きにもってこいの一画なのです。

日の高いうちに祇園を訪れたら、しばし舞妓さんの気分になって、京都人が「甘いもんやさん」と呼ぶ、甘味処の扉を開けてみましょう。

まずは祇園発祥の地「新橋」から

祇園新橋。

「祇園発祥の地」とも言われるこのエリアには、白川にかかる**巽橋**《たつみ》と**辰巳大明神**《たつみ》とい

右上・辰巳（たつみ）大明神／左上・祇園小石のショーケース／
左下・白川にかかる巽（たつみ）橋

う小さな祠《ほこら》があり、祇園のなかでもとっておきの写真撮影のポイントです。

赤い鳥居の奥の大明神のご利益《りやく》は「技芸上達」。芸舞妓さんたちがお茶屋へ向かう前にお詣りする姿を見習って、ちょっと手を合わせてみるのもいいかもしれません。

そのすぐそば、橋のたもとに清楚な暖簾《のれん》をかけているのが、「**ぎをん小森**」。元お茶屋さんの風情《ふぜい》ある建物を生かしたお店で、祇園の甘いもんやさんといえばココ！と言ってもいいくらいの有名店。週末にはきまって行列もできるけれど……。

ほんの少し値段は高くても、窓辺から深まる秋の景色を眺めながら、雰囲気を堪能しつつひと息つくには最高のお店です。

ここのメニューで人気を二分するのは、本わらびもちパフェと抹茶ババロアパフェ。甘さ控えめの上品なおいしさと、端正なビジュアルが、女性に人気の秘密なのかもしれません。

祇園にきたら、ぜひ食べておきたい一品です。

建仁寺の境内は格好のお散歩道

甘味処でひと休み——さて、どのお店にする？

巽橋を南へ渡り、繁華街を抜けるように四条通《しじょうどおり》に出たら**八坂《やさか》神社**の方向へ、てくてく。和傘屋さんやかんざし屋さんと並んで左手に見えるのが「**祇園小石**」。ここは、秘伝の黒蜜を使った「京飴《きょうあめ》」を売るお店。その奥に黒蜜のおいしさをたっぷり味わえる甘味処「**茶房こいし**」を併設しています。

ここの定番は「舞妓はんのお気に入り」と名付けられたパフェ。それから、渋皮付きの栗をふんだんに使った、秋限定の「黒蜜こいしパフェ」も見逃せません。お濃茶《こいちゃ》を使った濃厚な抹茶アイスと、黒蜜の組み合わせが絶妙です。

さらに四条通を南に渡って、かの有名なお茶屋「一力亭《いちりきてい》」の角を左へ曲り、**花見小路**へ入ったところにあるのが「**甘味処　ぎおん楽楽《らくらく》**」。

同名のカウンター割烹《かっぽう》の2階という場所柄、少し入りにくいのもご愛嬌、実はこの建物も、元お茶屋さんです。そのホームバーだったという2階には当時の名残《なごり》もあって、ほっこりと落ち着く風情がします。

そもそも「大人の甘味」のコンセプトで作られたこの店のスイーツは甘さ控えめで、密かに男性ファンも多いとのこと。この季節なら、秋限定の「マロンパフェ」を是非注文してみてください。1つのグラスに丹波栗《たんばぐり》のジェラート、和三盆《わさんぼん》（砂糖）のシフォンケーキ、黒蜜のマロンクリーム、カラメルムース、そして最後の仕上げに渋皮栗！

こだわりの食材が幾重にも重なった逸品です。

腹ごなしに花見小路を南に下がれば、都《みやこ》をどり開催場として知られる**祇園甲部歌舞練場**《こうぶかぶれんじょう》があり、茶祖・栄西《えいさい》禅師が開いた最古の禅寺、**建仁寺**《けんにんじ》に突きあたります。

広い境内《けいだい》をそぞろ歩けば、松葉の間から仰ぎ見た空が、ほんの少し高くなっていることに気がつきます。

辰巳神社
京都市東山区新橋花見小路西入ル元吉町

ぎをん小森
京都市東山区新橋通大和大路東入ル元吉町61
TEL　075-561-0504

祇園小石　本店
京都市東山区祇園町北側286-2
TEL　075-531-0331

甘味処　ぎおん楽楽
京都市東山区祇園四条花見小路下ル西側
TEL　075-532-0188

祇園甲部歌舞練場
京都市東山区祇園町南側570-2
TEL　075-541-3391

建仁寺
京都市東山区大和大路通四条下ル四丁目小松町584
TEL　075-561-0190

【吉田山と大文字山】

山を歩いて京都の自然を満喫

京都の街なかには、ぶらぶらと散歩ができるような大きな公園がありません。

そのかわり、といってもいいほど、鴨川《かもがわ》や京都御苑《ぎょえん》を日常的にこよなく愛しているのが京都人。こどもが草花を摘んだり、犬の散歩をしたり、お年寄りがひなたぼっこをしたり、大学生がトランペットの練習をしたり……そんな光景は、街のあちこちに点在する小さな児童公園よりも、鴨川、京都御苑で見かけることのほうが断然多い気がします。

もちろん、神社やお寺も自然の恵みをたっぷりと受けられる場所。わざわざ参詣しに行くのではなく、境内を抜け道に使ったり、逆に少しまわり道して木々の間の石畳を歩いてみ

START!

大文字山 ← 徒歩 法然院《ほうねんいん》 ← 徒歩 吉田山 ← 徒歩 茂庵《もあん》 ← 徒歩 真如《しんによ》堂

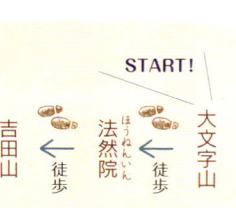

秋空の下、大文字山を登る

たり。気軽に〝寄り道〟するのが、秋の社寺の楽しみ方。

最近でこそ「観光寺」などという言い方があり、入り口で拝観料を払わなければ境内に入れないところも増えましたが、街のお年寄りに言わせれば「昔は、どっこもお金なんかいらんかったえ」。京都人は、今も知らず知らずに、そんな〝身近な存在としての社寺〟という感覚を受け継いでいるのかもしれません。

さらに京都は、四方を山に囲まれている盆地。視界を広げれば、お山が目に入ってきます。その山を楽しむのも、京都を堪能する一つの方法です。一番身近なのは、東山でしょう。なだらかで、街の続きにあり、単純に距離も近いのですが、京都人の暮らしとも〝近い〟山です。

おすすめは、普段着のまま登れる大文字山

でも、もう少し〝登った〟感覚を味わうには、**大文字山**がおすすめ。お盆の最後の日、「大」の字の送り火が灯る、あの山です。

東京の人が「ちょっと皇居の周りを走ってきた」と言うのと同じ調子で、京都の人

中央は大文字の火床。市内を一望する眺めは最高

は「ちょっと大文字山に登ってきた」と言います。つまり、そのくらい身近だということ。

大文字山へは**銀閣寺**の門前を左に逸れると、そのまま山頂に続く道があって、スニーカーや慣れている靴を履いていれば、普段着のまま楽々と登れます。

標高約460mの大の字のまん中に立って、「昨日行ったお寺はあそこ、お昼を食べたお店はあのあたり」と指さしながら京都の街を見下ろすのも気持ちがいい。ピクニック気分でお弁当を広げるのにもぴったりです。

山から下りきってしまう前に、是非立ち寄りたいのが**法然院**《ほうねんいん》。

このお寺は、その名の通り、法然上人《しょうにん》が弟子たちと共に六時礼讃《らいさん》行を修練した草庵に由来するとされています。すぐそばの哲学の道や銀閣寺門前の賑わいをふと忘れさせてくれる静けさをたたえています。

春と秋の特別公開の期間以外は本堂まで入ることはできないけれど、境内をぐるりと歩くと、**方丈**《ほうじょう》**庭園**にたどりつきます。ムササビやモリアオガエルが棲息する、自然に限りなく近い庭は、現代人にとって日本古来の原風景をかいま見せてくれるありがたい存在。つい時間を忘れてたたずんでしまいます。

右上・吉田山の坂道／左上・法然院／
下・真如（しんにょ）堂へ。階段左右の楓も真っ赤に染まる

静かな坂道を抜けると……

そして、もう一つ。坂道の少ない京都の街のまん中にあって、なだらかな坂道だと思っていたら山だった、という場所があります。

それは**吉田山**です。

今出川《いまでがわ》通か神楽岡《かぐらおか》通から、坂道を上へ上へと住宅街を縫うように歩き、山頂に向かって緑のなかに入っていくと、突如あらわれるのが「**茂庵**《もあん》」というすてきなカフェ。吉田山の山頂にあるこのカフェは、8月の送り火の夜には大文字山が間近に望める絶好のスポットです（送り火の夜は、予約客のみ）。

そして、そこから吉田山公園を通り抜け、南東へ降りて行くと**真如堂**《しんによ》へ。秋には、お堂の裏の山茱萸《さんしゆゆ》（やまぐみ）が、かわいらしく赤い実を実らせています。さらにその南側には、浄土宗の大本山、「黒谷《くろだに》さん」こと**大本山金戒光明寺**《こんかいこうみようじ》。

紅葉のトップシーズン、東山あたりの観光客の多さに辟易したら、この吉田山あたりをそぞろ歩くのも、穴場感があっていいものです。

大文字山
如意ヶ岳

銀閣寺
京都市左京区銀閣寺町2
TEL　075-771-5725

茂庵
京都市左京区吉田神楽岡町8吉田山山頂
TEL　075-761-2100

法然院
京都市左京区鹿ヶ谷御所ノ段町30
TEL　075-771-2420

大本山金戒光明寺
京都市左京区黒谷町121
TEL　075-771-2204

真如堂
京都市左京区浄土寺真如町82
TEL　075-771-0915

百万遍さんから火がついた手づくり市ブームは、
まだまだ熱が冷めそうにない

秋の道草コラム

知っておくと便利な「毎月、市が開かれる日」

京都には、毎月決まった日に開かれる昔ながらの縁日がたくさんあります。

有名なところでは、毎月25日の天神さん（50ページで紹介）。

さらに近頃は「百万遍《ひやくまんべん》の手づくり市」を始めとする、新しいクリエイターに出会えるマーケットも人気。うまくタイミングが合えば、京都の旅がいっそう楽しくなるかもしれません。

第1日曜	がらくた市（東寺）
第2日曜	寅市《とらいち》（建仁寺塔頭《たつちゆう》「両足院《りようそくいん》」内毘沙門天堂《びしやもんてんどう》）
第4日曜	上賀茂《かみがも》手づくり市（上賀茂神社）
3日	かんのん市（霊山観音《りようぜんかんのん》）
8、18日	おもしろ市（豊国《とよくに》神社）
15日	百万遍の手づくり市（知恩寺《ちおんじ》）
18日	囀市《さえずりいち》（上御霊《かみごりよう》神社）
21日	弘法さん（東寺）
25日	天神さん（北野天満宮）

【河原町丸太町上ル《かわらまちまるたまちあがる》】

新しい京都を肌で感じる注目のエリア

京都に旅行に来た人に聞かれて一番困るのが「その場所に行くのに、最寄りの駅は、どこですか?」という質問。

京都にも地下鉄はあるのだけれど、古いほうの烏丸線《からすま》でも開業が昭和56年、新しい東西線に至っては平成9年と歴史が浅いこともあり、ふだんの市民の「足」としては断然「市バス」が利用されています。

だから、「駅」で街の地図を見る習慣がないのです。

加えて、「町名」で地図を見る習慣もありません。町名ではなく、大きな通りが街の基準になっているのです。

きちんと碁盤の目になった通りを、「X軸」と「Y軸」に見立て、北へ行くことを「上ル《アガ》」、南へ行くことを「下ル《サガ》」、

START!

モリカゲシャツ キョウト
↓ 徒歩
かもがわカフェ
↓ 徒歩
STOCK ROOM
↓ 徒歩
トリバザール
↓ 徒歩
草星《くさぼし》
↓ 徒歩
ボンボランテ

モリカケシャツ　キョウト

東へ行くことを「東入《イ》ル」、西へ行くことを「西入《イ》ル」と言います。道順を説明するときも「そこを左（右）へ曲がる」なんて、ほとんど言いません。通りの名前を覚えるまでは、なかなかの厄介モノですが、慣れるととても合理的なシステムです。

そんなわけで、たとえば「河原町丸太町上ル」は、南北に通る「河原町通」と東西に通る「丸太町通」の交差点より北のエリアをぼんやりと示しています。

今、若い人たちの間でじわじわと盛り上がっているこの「河原町丸太町上ル」を案内してみましょう。

自分だけの〝一枚〟を求めて——モリカゲシャツ

このエリアの火付け役は、デザイン集団「cafe.co」が2001年にオープンした町家カフェ「シュハリ京都」。2000年頃からゆるやかに始まった京都のカフェブームの流れで誕生しました（現在は閉店）。

これを機にじわじわと新しいお店が増え始めるのですが、雑誌などで取り上げようとして、さて問題になるのは、「ふさわしいエリア名がない」ということ。

モリカゲシャツ キョウト。憧れのオーダーメードから、気軽に買える既製品まで。女性用はシャツワンピースも人気

バス停でいうと「河原町丸太町」と「荒神口《こうじんぐち》」のちょうど間。当初は「御所東《ごしょひがし》」だとか「上河原町《かみかわらまち》」などと名付けられたりしたけれど、いまいち根付かず……結局、そのまま河原町丸太町上ルと呼ばれています。

今、この界隈を元気にしているのは、まず「**モリカゲシャツ キョウト**」。デザイナーの森陰大介さんが作るシャツは、シンプルなのに、見るとすぐに「モリカゲシャツ」とわかる雰囲気を醸し出していてカッコイイ。オンラインショップでは即売り切れになる新作も、ここの店頭には並んでいることがあるので、じぶん好みの一枚のシャツを求めて、全国のファンが訪れています。

そして、「シュハリ京都」なき今、このエリアを代表するカフェが「**かもがわカフェ**」(通称〝かもカフェ〟)。古い倉庫を改装した建物の2階で、いい音楽が流れるゆるい雰囲気のなか、自家焙煎のコーヒーとおいしいカフェごはんがいただけます。鴨川が見えそうな名前なのに、実はちっとも見えない窓辺の席が、それでも一番人気です。

ひと息ついた後は、同じ建物の階下にあるヴィンテージ家具と雑貨のお店「**STOCK ROOM**」に立ち寄るのもお忘れなく。

自家焙煎コーヒーがおいしい、かもがわカフェ

真似したい！　インテリアのヒントにもなるお店

雑貨好きなら、「かもがわカフェ」の建物から少し南へ、静かな住宅街の中にポツンとある「**トリバザール**」もオススメ。昭和の香りのする昔ながらの日本の道具や、アジアをはじめとした世界各国の生活道具がセンスよく並ぶお店です。

河原町通に戻ったら、「モリカゲシャツ キョウト」の並びにある「**草星**《くさぼし》」へ。元小鳥屋さんのかわいらしい風情を残した小さな器《うつわ》屋さんです。

店主が日本全国の気になる作家さんのところへ足を運んで見つけてくる器が並びます。どれも、どこかあたたかみがあって、それを使って飲食する時間がこれまでになく愛おしくなるものばかり。古道具を使ったディスプレーのセンスも、上手に盗みたくなります。

おなかが減ったら、斜め向いにある「**ボンボランテ**」へ。薪窯《まきがま》でパンを焼き上げる本格派のパン屋さんでかわいいクリームパンを買って、**鴨川**沿いのベンチでパクリ。空舞うトンビにパンを奪われないよう、くれぐれもご注意を（ホントです）。

モリカゲシャツ　キョウト

京都市上京区河原町通丸太町上ル桝屋町 362-1
TEL　075-241-7746

かもがわカフェ

京都市上京区西三本木通荒神口下ル上生洲町 229-1
TEL　075-211-4757

STOCK ROOM

京都市上京区西三本木通荒神口下ル上生洲町 229-1
TEL　075-212-8295

トリバザール

京都市上京区東三本木通丸太町上ル中之町 496
TEL　075-231-1670

草星

京都市上京区河原町丸太町上ル出水町 266-9
TEL　075-213-5152

ボンボランテ

京都市上京区河原町通荒神口下ル上生洲町 229-1
TEL　075-213-7555

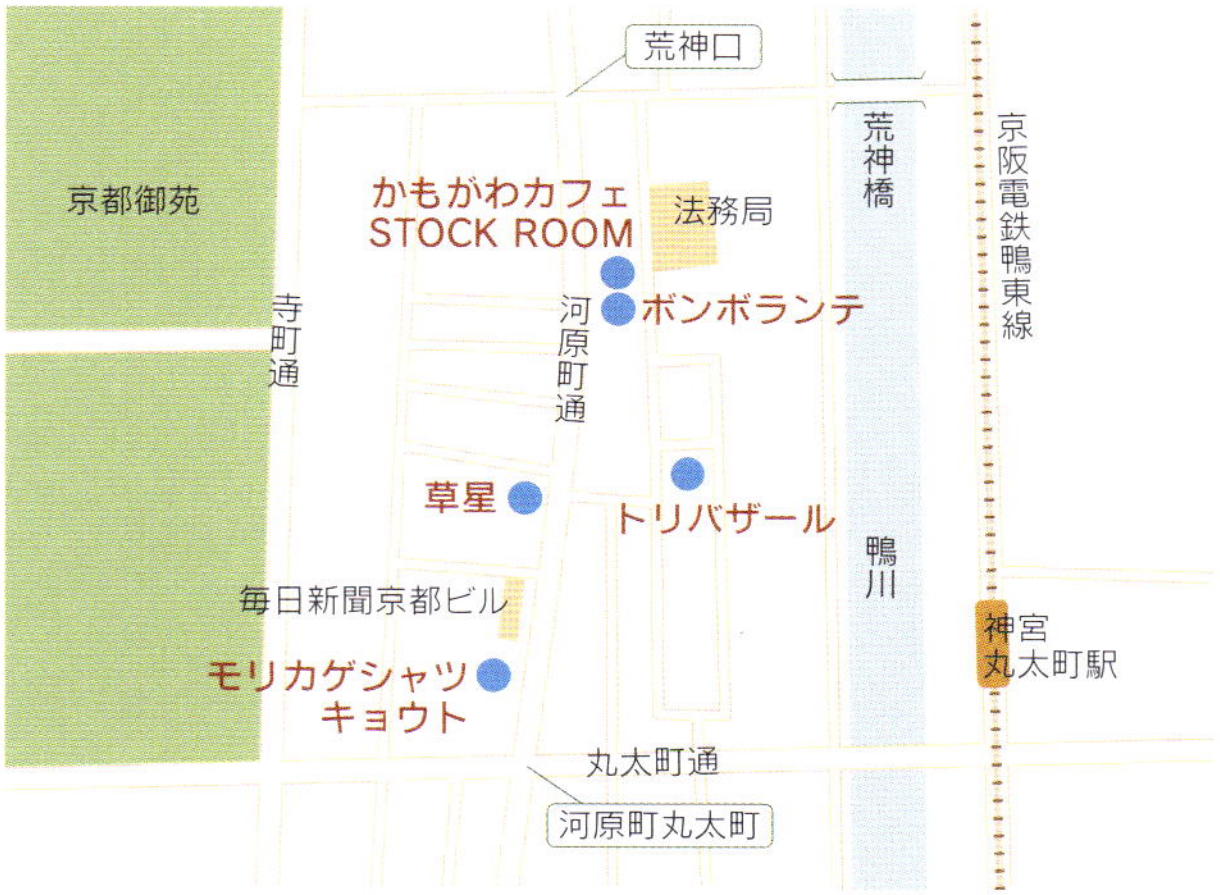

【東山】

紅葉の東山の名刹《めいさつ》を訪れるなら……

11月の京都は、いわゆる観光の「ハイシーズン」。私のところにも「ホテルが全然取れないんですが、なんとかなりませんか」と泣きの電話が入ることが多くなります。

始発の新幹線の自由席に乗ろうとして東京駅に行ったのに「ホームが大混雑で、なんと3本見送ってやっと乗れた！」という経験をした友人も……。

秋の京都を訪れる人たちのお目当ては、まず紅葉。本来は11月末〜12月半ばまでがだいたいの見頃です。

ただ、その年の気候によって色づき始める時期はまちまちで、そもそもホテルが確保できないものだから、近年「紅葉気分」の観光は9月末頃からじわじわと始まり、終盤は年末

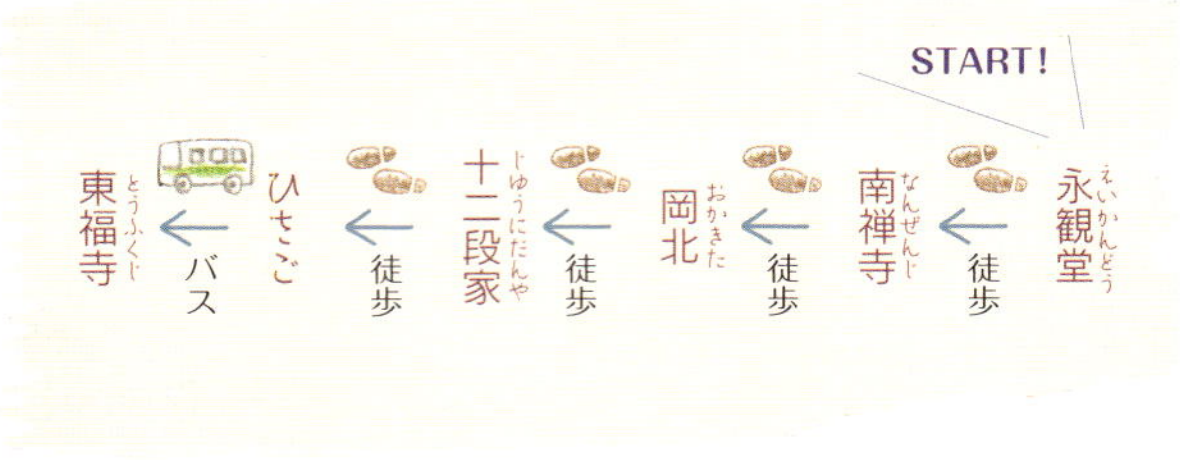

岡崎「岡北」のきつねうどん

まで続く傾向にあるようです。

北は**みかえり阿弥陀《あみだ》像**で知られる**永観堂《えいかんどう》**あたりから、**南禅寺《なんぜんじ》**、**知恩院**、**円山《まるやま》公園**、**高台寺《こうだいじ》**、**清水寺《きよみずでら》**、南は**市松の庭**も人気の**東福寺《とうふくじ》**まで、山沿いにずらりと名刹が続く東山界隈は、ふだんから週末になると混み合うエリアですが、とりわけ紅葉のピークには、たくさんの観光客で賑わいます。

狭い京都でみんなが同じところに向かうから、タクシーに乗っても市バスに乗っても渋滞でにっちもさっちもいかなくなる。車窓から眺めていると、そのうち歩いている人がうらやましくなるほどの混雑ぶりです。

だから、気候のよいこの時期の東山紅葉狩りの正解は、「ひたすらに歩く」こと。ひとりならレンタサイクルもいいけれど、慣れないと意外と駐輪に困ったりすることもあるので少し注意が必要です。

覚えておくと便利な、絶品の「丼」

東山を歩くときに覚えておくと便利なのが「丼もの」のおいしいお店のラインナッ

八坂神社の南門あたりから下河原、
ねねの道へ

プ。

京都の食の文化は〝だし文化〟。

もちろん、京懐石でその真髄《しんずい》を味わうのは最高の贅沢だけれど、「ランチタイムに毎度2時間かけていては、行きたいところを全部まわれない」というのが本音でしょう。それに、メディアで話題の名店のお得なランチは、ずっと早い段階で予約満席、ということがほとんどです。

だったら、おうどん一杯、丼一杯で、賢く京のだしを味わってみることをおすすめします。

もちろん、うどん屋、丼屋ならどこでもいいというものでもないので、私のお気に入りをいくつかピックアップしてみましょう。

永観堂のあたりなら、**「日の出うどん」**で旨味たっぷりのカレーうどん。南禅寺の近くなら岡崎の**「岡北《おかきた》」**。知恩院、円山公園まで来たら祇園へ足を伸ばして花見小路の**「十二段家《じゅうにだんや》」**で天丼ランチ。本店はしゃぶしゃぶの老舗《しにせ》ですが、花見小路店では老舗仕込みのゴージャスな天丼が気軽にいただけます。

そして、高台寺界隈なら、ねねの道から石塀《いしべ》小路を抜けたところにある「ひさご」

祇園、花見小路の十二段家。
昼の名物は大えび天丼

で食べる山椒たっぷりの親子丼が外せません。

京都ではそばより「おうどん」がいい！

京懐石からうどんとは、いきなりハードルが下がりすぎじゃないか……なんて、とんでもない。

京都のおうどんのおいしさは、他の街では味わうことができないといっても過言ではありません。どこも、多少の行列は覚悟してもぜひ召し上がってもらいたいおいしさなのです。

ことに「岡北」のうどんは、3代受け継ぐだしがおいしいのはもちろんのこと、このだしを巧みにひき立てる艶《あで》やかな細麺の京美人っぷりもたまりません。かの老舗料亭「菊乃井」の主人・村田吉弘さんもご贔屓《ひいき》といえば、そのクオリティがおわかりいただけるはず。

まずはシンプルに「きつねうどん」を。そして、その村田さんが好きだという「天とじ丼」も絶品。たっぷりのだしでユルユルにとじた玉子の滋味《じみ》深さといったら！

せっかくの京都、そばより断然うどんと言いたいけれど、「私はそば派だから」という方は、「冷たいそばより、温かいそば」をお試しあれ。手打ちの冷たいざるそばをおいしく食べさせてくれる店が京都にも増えてきているけれど、それはできれば、またの機会に……やはり温かい汁のだしを楽しんでください。

じんわりとだしの旨さを堪能したら、長居は無用。ほとけ様のお心にならって、後列の人にササッとスマートに席を譲りましょう。

心もからだも温まったら、次のお寺に向ってまた気分よく歩き出せそうです。

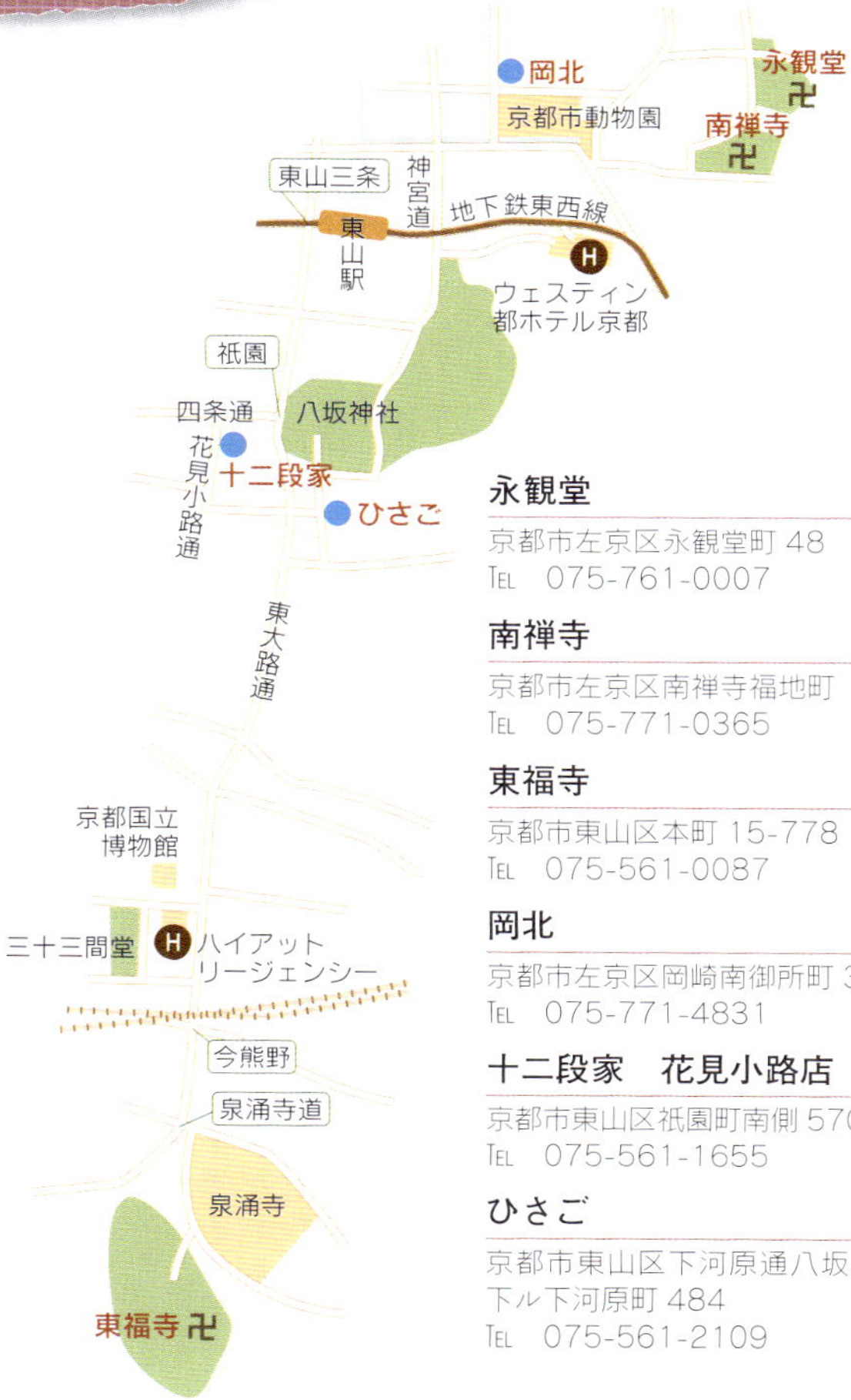

永観堂

京都市左京区永観堂町48
TEL　075-761-0007

南禅寺

京都市左京区南禅寺福地町
TEL　075-771-0365

東福寺

京都市東山区本町15-778
TEL　075-561-0087

岡北

京都市左京区岡崎南御所町34
TEL　075-771-4831

十二段家　花見小路店

京都市東山区祇園町南側570-128
TEL　075-561-1655

ひさご

京都市東山区下河原通八坂鳥居前下ル下河原町484
TEL　075-561-2109

ネーミングもユニークな井上佃煮店の「好きど酢」。三木鶏卵の「ふりかけたまちゃん」。京都の大学生と商店街のコラボから生まれた手ぬぐい

魅嘉（ふうか）の「麩まんじゅう」は、とっておきの手土産に

買いたい！「錦市場《にしきいちば》」手土産帖

旬のおいしそうな生鮮食品が色とりどりに並ぶ錦市場。

アーケードの下をそぞろ歩いていると、ついなにか買ってみたくなるのが人というもの。

でも、これから観光にくり出そうというのに生ものを買うのもどうかと思うし……と、理性が衝動買いを押しとどめてしまう。

そんな人たちの葛藤を見るに見かねて（？）、数年前から錦市場でも手軽な串モノなど、買ってすぐに食べ歩きできる商品が販売されるようになりました。

ところが、京都人たちはこれに賛否両論。

この現象に眉根《まゆね》を寄せる最大の原因は、「食べ歩きは行儀がわるい」という、昔ながらのつつましやかな日本の習慣によるようです。

乾燥湯葉、こんぶ玉、ふりかけ、調味料、それに帰りの新幹線で食べたいお弁当……。

実は、買って帰れる幸せも、たくさんあるのですよね。

【西陣】

旧きと新しきが同居する職人の街を歩く

京都人が「天神さん」と呼び親しむ**北野天満宮**は、平安時代中頃に神殿を建て、菅原道真《すがわらのみちざね》公をおまつりしたのが始まりとされています。

1月には筆始《ふではじめ》祭、2月には節分祭と梅花祭《ばいかさい》（境内に梅苑があり、50種約1500本の梅が植えられている）、7月には七夕祭、10月にはずいき祭、12月には豊臣秀吉が天正15年に催した「北野大茶湯《おおちゃのゆ》」ゆかりの献茶祭《けんちゃさい》……と四季折々の行事でもよく知られます。なかでも、近年の「市ブーム」で注目度が高まっているのが、毎月25日に行なわれる縁日です。

京都では、この縁日のこともまた「天神さん」と呼ぶので、「あしたは、天神さんの日やなあ」と言ったりします。

START!
北野天満宮
← 徒歩
粟餅《あわもち》所・澤屋《さわや》
← 徒歩
谷川花店《たにかわはなみせ》
← 徒歩
カライモブックス
← 徒歩
珈琲　逃現郷《とうげんきょう》

天神さんこと北野天満宮

そんな縁日のなかでも、とくに1年で最初の1月25日は「初天神」、締めくくりの12月25日は「終《しま》い天神」と呼ばれ、とりわけ多くの人で賑わいます。

年の瀬も迫る終い天神には、いつもの植木、骨董《こっとう》、古着などの店に加えて、葉ボタンやしめ飾りなどのお正月用品を商《あきな》う露店も並ぶのが特徴です。

もちろん、市のない日に境内を歩くのもおすすめです。とくに秋から冬に変わる頃にゆっくり歩けば、本当にいい気分。

天神さんの日も、そうでない日も、天神さんにお詣りしたらきっと立ち寄りたい、いくつかのお気に入りのスポットを紹介しましょう。

「天神さん」の帰りに立ち寄るなら

まずは、今出川通沿いにある天和2（1682）年創業の「**粟餅《あわもち》所・澤屋《さわや》**」。粟餅は、縁日に境内で売られる「長五郎餅《ちょうごろうもち》」と並ぶ、天神さんの門前菓子です。席に着くなり、お店の方の作業が始まります。つまり、作り置きが一切ないのがこの店のおいしさの最大の秘密。お皿には、こしあん3つにきな粉が2つ。ホカホカ、ぷつぷつとした独

右上・カライモブックス／左上・天神さん／
右下・谷川花店／左下・珈琲逃現郷

特の食感は、まさに、粟餅ならでは。

売り切れ次第閉店なので、天神さんの日は午後早々に店じまいとなることもあります。朝9時には開いているので、朝食代わりに食べに行ってみるのもおすすめです。

そして、「澤屋」と同じ今出川通沿いにあるのが**「谷川花店《たにかわはなみせ》」**さん。以前は町家を改装した小さなお店だったのですが、引っ越しをして今の場所に。もともとはなんと古い教会だった建物で、言われて外から建物を見上げれば、確かに教会らしき三角屋根が……。季節の洋花のほか、素朴な和の草花や山野草など、京都の和の暮らしに似合う花やグリーンがセレクトされていて、今や京都っ子の御用達《ごようたし》。界隈にアトリエを持つクリエイターにファンが多いのも、この店のとびきりなセンスのよさを象徴しているかもしれません。

織物の街・西陣の「今の顔」

天神さんから東のエリアは「西陣」というところで、その名の通りかつては「西陣織」の産地として栄えた街。今は昔ながらの仕事を継ぐところはぐんと減ってしまっ

深い秋の夜の読書も似合う。
珈琲逃現郷のカウンター席

たけれど、職住一体の街のスタイルに惹かれて、あらたにここに移り住むアーティストたちが増えています。

古い街並みになじむアトリエ兼店舗や、町家を改装したカフェなどを迷路のような細い路地にたずね歩くのもおもしろいはず。

そのなかの一軒、「**カライモブックス**」は、ゆるやかなムードいっぱいの古本屋さん。日本文学、詩歌から児童書、記録文学まで……店主夫妻の好みを反映したセレクトもユニークで、本好きなら時間を忘れていつまでも背表紙のタイトルを追ってしまいそうです。

「カライモ」というちょっと変わった店名は、南九州でサツマイモのことだそうで、買った古本はサツマイモ柄のブックカバーに包んでくれます。

本を買ったら大宮通を南下、2010年オープンとまだ新しいのに、どこか懐かしい雰囲気を漂わせている「**珈琲 逃現郷**《とうげんきょう》」へ。本を読みながらサイフォンだてのおいしいコーヒーを飲んでいるうち、京の夜は静かに更けていきます。

北野天満宮

京都市上京区馬喰町
TEL　075-461-0005

粟餅所・澤屋

京都市上京区今小路通御前西入ル紙屋川町838-7
TEL　075-461-4517

谷川花店

京都市上京区今出川通七本松西入ル東今小路町７７３
TEL　075-464-5415

カライモブックス

京都市上京区大宮通芦山寺上ル西入ル社横町301
TEL　075-203-1845

珈琲　逃現郷

京都市上京区今出川通大宮上ル観世町127-1
TEL　075-354-6866

行事カレンダー

12月——師走《しわす》

大根だき（千本釈迦堂）7日、8日
大福梅の授与（北野天満宮）13～25日
事始め（五花街）13日
終い弘法（東寺）21日
かぼちゃ供養（矢田寺《やたでら》）23日
終い天神（北野天満宮）25日
をけら詣り（八坂《やさか》神社）12/31-1/1

1月——睦月《むつき》

筆始祭《ふではじめさい》（北野天満宮）2日
かるた始め式（八坂神社）3日
十日ゑびす大祭（京都ゑびす神社）10日
泉涌寺《せんにゅうじ》七福神巡り（泉涌寺）成人の日
初弘法（東寺）21日
初天神（北野天満宮）25日

2月——如月《きさらぎ》

節分祭（市内各社寺）2～4日
初午《はつうま》大祭（伏見稲荷《ふしみいなり》大社）2月最初の午の日
針供養（法輪寺）8日
梅花祭（北野天満宮）25日

冬の「とっておき」散歩道

◆気軽に、でも、深くまで
「古都を味わう」

12月
師走

1月
睦月

2月
如月

師走の京都をとことん〝味わう〟

【錦《にしき》市場】

「一度、京都に住んでみたいな……」

この街を訪れた知人・友人がよく口にすることばです。

「でも、夏は暑くて冬は寒いし、税金も高いし、意外と住みやすい街じゃないのよ」と謙遜《けんそん》しつつも、じぶんの住む街をそんなふうに言われたら、悪い気はしないものです。

そんなことを思うと、「暮らすように旅をする」というのは、京都の一番贅沢な過ごし方なのかもしれません。

たとえば、桜の頃。ソメイヨシノだけでなく、様々な種類の桜が街のあちこちに次々と咲いていくのを、時間の流れを追うようにゆっくりと楽しむのも素敵でしょう。

あるいは、祇園祭の頃。街じゅうがそわそわして、お祭り

START!
錦天満宮 ←徒歩 丸亀 ←徒歩 三木鶏卵 ←徒歩 椿家《つばきや》 ←徒歩 ロダン ←徒歩 錦湯《にしきゆ》

京の台所を見守る錦天満宮

のクライマックスを迎え、梅雨が明けていよいよ夏が来る、そのダイナミックな雰囲気を味わうのもワクワクするかもしれません。

それから、紅葉の頃。観光客が殺到するこの季節に、時間に追われずのんびり歩いて社寺を巡るのもきっと楽しいはず。

けれど、なかでも格別な過ごし方を体験できるのは、「師走《しわす》の京都」のような気がします。

〝京の台所〟錦市場のおいしい歩き方

師走の京都で一番の賑わいをみせるのが、京の台所こと**錦市場**です。

ここは、清冽《せいれつ》な地下水が湧くことから、この井戸水を冷蔵庫代わりとして、江戸時代に魚問屋（魚市場）として栄えたのが始まりといわれています。

今でもその東のどんつき（つき当たり）に位置する**錦天満宮**境内の井戸には、地下50数mから名水がこんこんと湧き続けていて、ペットボトルや水筒に入れて、持ち帰れるようになっています。

右上・京都のお節に欠かせない、三木鶏卵のだし巻／左上・「丸亀」のかまぼこ／左下・椿家の丹波黒豆

境内を出て、錦市場のアーケードに向かうときには、両端が商業ビルにくいこんでいる不思議な造形の石の鳥居をくぐるのがちょっとユニーク。

鳥居をくぐると見えてくるのは、市場のカラフルなアーケード。390mのアーケードの下には両脇に約130もの店舗がずらりと並び、京都一の食品を商います。道幅が狭いので、師走ともなれば、お買い物客と観光客とが混じり合って、ぎゅうぎゅうの大混雑。これぞ師走の京都の風物詩、というところでしょうか。

まずは、**「錦・高倉屋《たかくらや》」**のおつけものをちょいとつまみ食い。そして、御幸町通《ごこまちどおり》角の**「四寅《よんとら》」**で京野菜をいくつか。この時期なら、立派なえびいもや堀川ごぼう、まるまるとした聖護院《しょうごいん》大根、それに甘みたっぷりの九条ねぎがおすすめ。

師走の風物詩といえば、**「三木鶏卵」**の奥で職人さんがお節用のだし巻をジャンジャン巻いている光景も圧巻です。

毎年、大晦日の夜にお節《せち》料理に使う黒豆を買うのは、そのすぐそばの**「椿家《つばきや》」**。これは、ぶどう豆と呼ばれる最高級の丹波黒豆で、絶対に失敗しない手書きのレシピ付きというのもうれしいのです。

2軒並ぶかまぼこ店「丸常《まるつね》」と「丸亀」では、こちらもお節料理に欠かせないかま

上・年の瀬、カラフルなアーケードの下はひときわ大賑わい／
下・昔ながらの趣きある銭湯、錦湯

ぼこが華やかに並んで、いつもとはまったく異なる様子に（普段から並んでいる、揚げかまぼこのいろいろも、もちろんおいしい）。えびいもと棒鱈《ぼうだら》（干物）を炊き合わせる「いもぼう」という京料理に挑戦するなら、「**木源**《きげん》」がおすすめ。あらかじめ水に戻してある、家庭で使いやすいものも販売されています。

歩き疲れた帰り道には「銭湯」へ

人の多さとお買い物に疲れたら、喫茶「**ロダン**」の扉を開けて一服。

昭和喫茶の多くがここ数年で姿を消した中、ずっと変わらずに存続する「ロダン」（創業から42年）はカウンター8席のみの小さなお店。錦の店主たちが休憩がてら次々顔を出しては、コーヒーをクイッと飲み干して出ていく様は、まるでイタリアのバールのようでちょっとカッコいいものです。

夕方、市場の各店もそろそろ品揃えが薄くなり始める頃、午後4時、昭和2年から続く**錦湯**《にしきゆ》が暖簾を出します。

歩き疲れた体を温めてから、ゆっくり宿へ戻りましょうか。

錦天満宮

京都市中京区新京極通四条上ル
TEL　075-231-5732

丸亀

京都市中京区錦通柳馬場東入ル
166-1
TEL　075-221-2434

三木鶏卵

京都市中京区錦小路通富小路西入ル東魚屋町 182
TEL　075-221-1585

椿家

京都市中京区錦小路通富小路西入ル東魚屋町
TEL　075-221-1458

ロダン

京都市中京区御幸町通錦小路上ル舟屋町
TEL　075-211-6633

錦湯

京都市中京区堺町通錦小路下ル八百屋町 535
TEL　075-221-6479

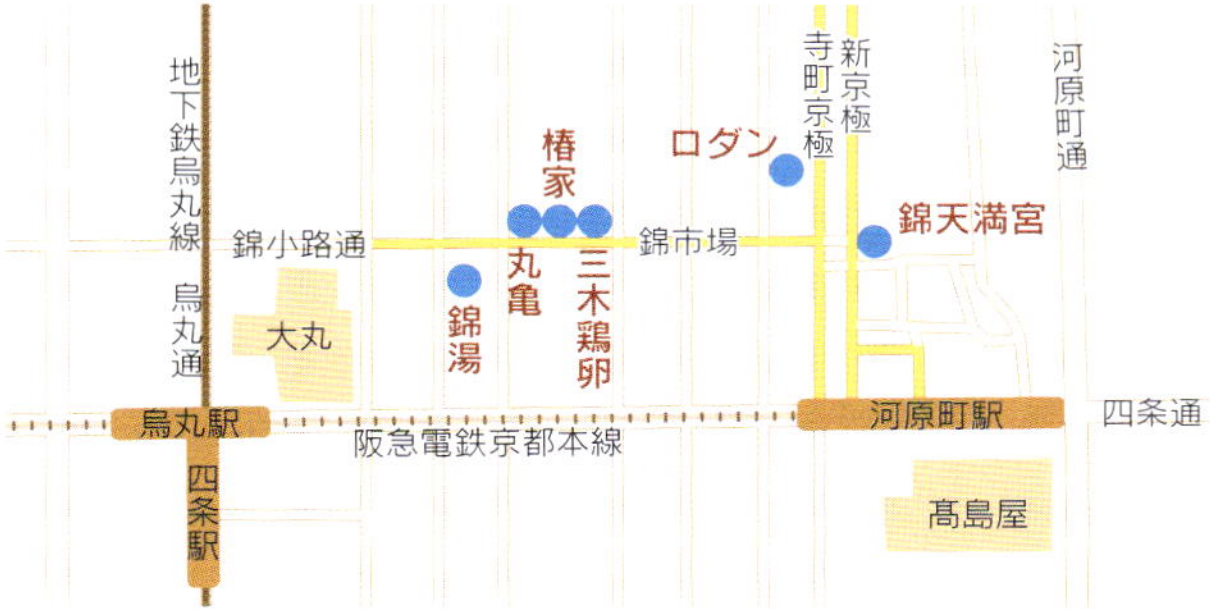

【二条と伏見《ふしみ》】

「開運、御利益《ごりやく》散歩」は元旦より節分に

河原町《かわらまち》のマンションから、二条城近くの今の家（長屋）に引っ越して、氏神《うじがみ》さん（その地域でまつられている神さま、神社のこと）が**神泉苑《しんせんえん》**になりました。

ここ数年は、大晦日から元旦にかけて友人を自宅でおもてなししているので、元日の朝方5時ごろ、初詣に出かける友人たちを見送ってから、ひとり静かに神泉苑に初詣することが多くなっています。

実はここは、あまり知られていないパワースポット。

池にかかる朱塗りの太鼓橋を、願い事を一つだけ心に念じながら渡り切り、橋の向こうの**善女龍王《ぜんにょりゅうおう》**へお詣りすると願いが成就《じょうじゅ》するといわれています。

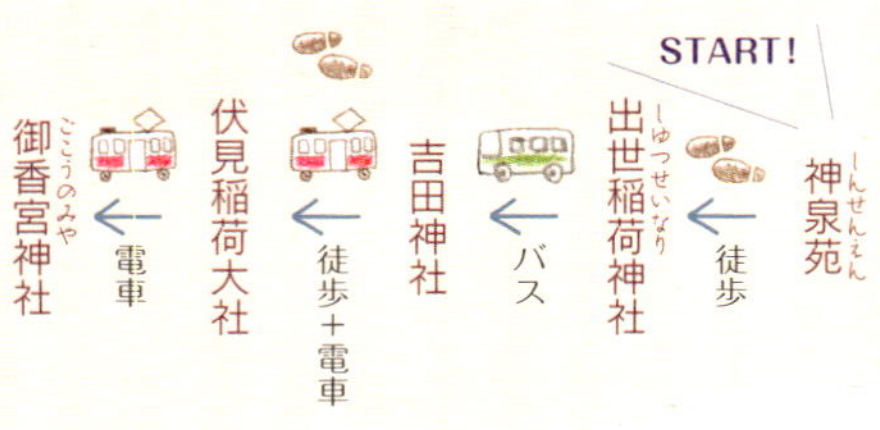

神泉苑の太鼓橋

神泉苑には、毎年大晦日に祠《ほこら》の向きを翌年の恵方《えほう》に向けて変える、「**歳徳神**《としとくじん》」という社があります。社に向って手を合わせれば、なにも知らずとも、恵方に向かえるというユニークな仕掛け。この「恵方社」は、日本唯一なのだそう。初詣では、もちろん、この歳徳神様にも手を合わせます。

節分の時期だけの特別な「お守り」

こんなふうに年初を過ごしているうちに、あっという間に節分や初午《はつうま》（2月の最初の午の日）がやってきます。

節分の行事といえば豆まきを想像する人も多いと思いますが、京都では「**節分祭**」の習慣があり、**吉田神社**や**壬生寺**《みぶでら》、それに、**八坂**《やさか》**神社**、**北野天満宮**などへお詣りをします。今はそこまでする人はあまりいないようですが、昔は「四方《しほう》参り」といって、これらを全部まわったそうです。

節分はその名の通り、節を分ける日。厄年《やくどし》がここでやっと終わると聞いたりすると、今でもなんだか「ようやくここからが新年」という気持ちになったりします。

上・神泉苑／下・出世稲荷神社の出世鈴。節分のときだけ、柊（ひいらぎ）がついて特別授与品となる

節分には、神泉苑で厄除《やくよ》け護摩木《ごまぎ》をお供えしたら、歩いて**千本通**へ出てバス停一つ分を北上。**出世稲荷《しゅっせいなり》神社**で節分の日にだけ授与される「出世鈴」をいただきに行きます。出世鈴という縁起のいいおまもりの土鈴《どれい》が、この日はさらに魔除けの柊《ひいらぎ》を挟んだ竹に結《ゆ》わえられているのです。

昼にご近所へのお詣りを済ませたら、夜は**吉田神社**へ行ってだるまみくじをひき、節分の3日間だけ出されるくちなし色の神符《しんぷ》、疫神斎《えきじんさい》を授与してもらいます。

そういえば、この日は豆まきもしないけれど、恵方巻きもいただきません。

むしろ、京都の老舗《しにせ》寿司屋には、初午の日に「初午　おいなりさんあります」と書かれたビラが貼り出されるのが似合っているように思います。

御利益散歩のしめくくりは伏見のお酒で

初午とは、2月の最初の午の日で、この日に稲荷山に神が降臨したとされる故事から、全国のお稲荷さんでお祭りが行なわれるのだそうです。

商売繁盛、家内安全を願う福参りには、初詣同様、毎年多くの参拝者で賑わう**伏見**

右上・伏見稲荷大社の鳥居／右下・竜馬通り／左上・御香宮（ごこうのみや）の神水／左下・伏見稲荷大社参道のお土産物屋さん

稲荷大社。かの『枕草子』で清少納言も初午詣をしたときの様子を描いています。

本殿の裏から稲荷山へ続く千本鳥居をくぐると、その瞬間にひんやりとした山の気配に包まれる気分がするのが不思議。

時間があれば、深草駅からのんびりと電車に乗って、伏見桃山駅まで。

駅からほど近い**御香宮《ごこうのみや》神社**では、境内《けいだい》に湧く御香水が名水といわれていて、ペットボトルや水筒に入れて持ち帰る人の姿も多く見られます。

駅の反対側は、大手筋《おおてすじ》商店街のアーケード街が続きます。

庶民的なこのアーケードがちょうど終わるところで左に折れると、こんどは道幅の狭い**竜馬通り**へ。石畳の通りの両脇に、坂本龍馬にちなんだお土産ものがずらりと並ぶこの道をまっすぐに進むと、龍馬が襲撃を受けたといわれる寺田屋にたどり着く、というわけです。

こちら側には月桂冠《げっけいかん》や黄桜《きざくら》、月の桂《かつら》など、全国的にも有名な伏見の酒蔵がたくさん。この時期は、蔵によってはしぼりたての新酒「初しぼり」がいただける頃。

なんといっても酒は百薬の長。御利益さんぽのしめくくりは、伏見の酒でほろよい気分といきますか。

神泉苑

京都市中京区御池通神泉苑町東入ル門前町 166

出世稲荷神社

京都市上京区千本通旧二条下ル聚楽町 851
TEL 075-841-1465

吉田神社

京都市左京区吉田神楽岡町 30
TEL 075-771-3788

伏見稲荷大社

京都市伏見区深草藪之内町 68
TEL 075-641-7331

御香宮神社

京都市伏見区御香宮門前町 174
TEL 075-611-0559

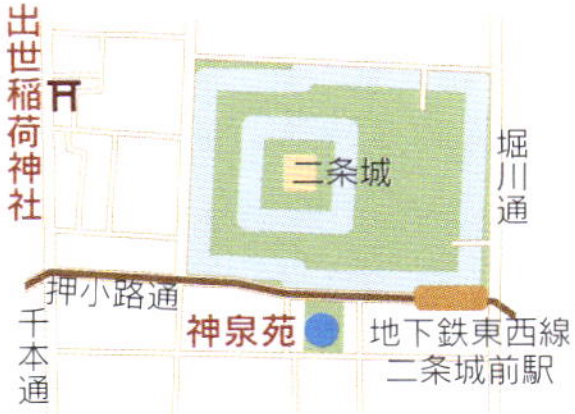

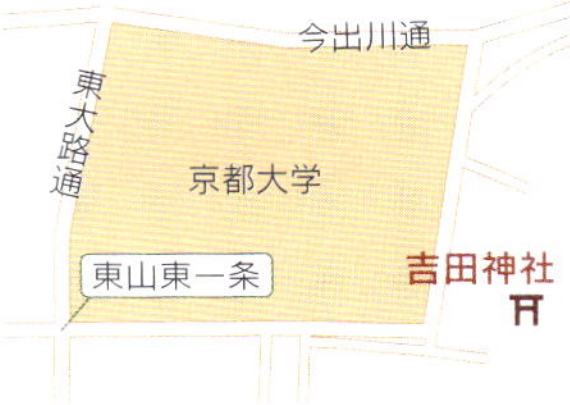

左は壬生寺のだるまさん。
意匠が少し違います

いちばんよく目にする
吉田神社のだるまさん

冬の道草コラム

「小さなだるまさん」を探せ！

節分に吉田神社へお詣りすると、必ず引きたくなる「だるまみくじ」。

これは、愛らしいだるまに、クルクルと小さく巻いたおみくじが入っているもの。授与されたら、なかのおみくじは境内に結わえ、だるまさんはたいてい、家に連れて帰ります。

その先、どうなるかというと……。

たとえば、街のなかのアトリエに。あるいは、友人の家に。はたまたお店のレジに……。注意深く観察してみると、京都の街のあちこちに、この小さなだるまさんが飾られているのに気づくでしょう。

同じサイズのだるまが授与されるのは、ほかに壬生寺、市比賣《いちひめ》神社。よく見れば、おなかやあたまの模様が少しずつ違います。

次の旅で、いくつのだるまさんに出会えるでしょうか。

【今宮《いまみや》神社～鞍馬口《くらまぐち》通】

レトロな街並みで ノスタルジー散歩

近頃、世間ではちょっとした昭和ブーム。時代が急速に便利・快適になりすぎたからでしょうか。まるで「ときには立ち止まり、大きく深呼吸をしましょう」とでもいうように、ふるい時代のモノやコト、生活を懐かしみ慈しむ人が増えているように思います。

京都でも、「壮大な歴史物語」より、「どこかレトロでノスタルジックな雰囲気」を味わいたいなら、西陣の鞍馬口通あたりがおすすめ。

まずは、朝の**今宮神社**からスタートしましょう。

南側に建つ朱色の楼門《ろうもん》をくぐって境内に入ると、座布団に鎮座する不思議な石があります。これは「阿呆賢《あほかし》さん」。こ

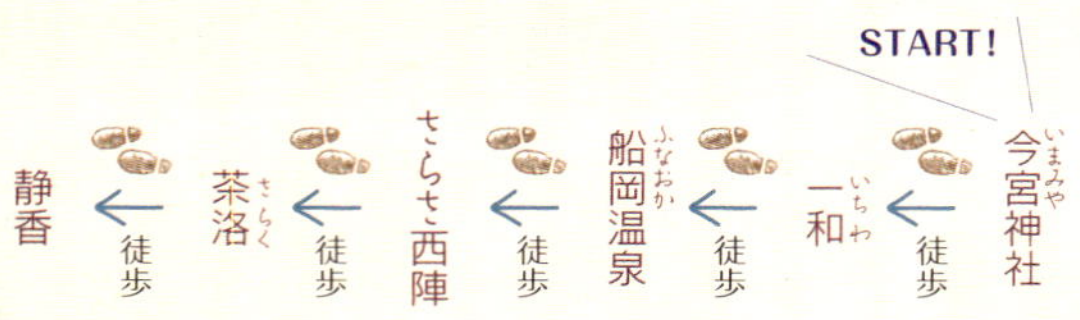

今宮神社の玉の輿守

の石を、まず3度叩いて持ち上げ、次に願い事を念じながら3度手のひらでなでて持ち上げたときに、あとのほうが軽ければ願いが成就するといわれています。その昔、地元の人たちが「あほ、あほ、あほ」と言って持ち上げたら重くなり、「賢い、賢い、賢い」と言って持ち上げたら軽くなったから「あほかしさん」と呼ぶのだ、という話も聞いたことがあります。

また、良縁・開運のおまもり「玉《たま》の輿《こし》守」も有名です。

西陣の八百屋に生まれた「お玉」さんが、のちに徳川五代将軍綱吉《つなよし》公の生母・桂《けい》昌院《しょういん》となったことが「玉の輿」という言葉の起源。その桂昌院が故郷を忘れず、今宮神社の復興、修復に力を添えたことに由来するおまもりです。

感謝を忘れない心が運をひらく、という意味かもしれません。

まずは今宮神社の名物「あぶり餅」でひと息

平安建都以前より、疫神を祀《まつ》る社《やしろ》であったといわれる今宮神社。

その東門の門前をくぐって出ると、創業数百年を数える門前茶屋「**かざりや**」が右

左上、右下・さらさ西陣の店内。
お風呂屋さん時代のタイルがその
ままに／左下・喫茶店の静香

手に、「一和《いちわ》」が左手に並んでいます。

どちらも名物は「あぶり餅」。きな粉をまぶした親指大の餅を竹串に刺し、炭火であぶったあと白味噌のタレをたっぷりとつけた素朴な餅菓子で、食べると厄除けの御利益があるといわれています。

どちらもおいしく、価格も変わらないので、京都人は「先に目が合ったほうに入る」「交互に入る」「迷うのがイヤだから、いつもどちらか一方に決めている」と、みんなそれぞれ勝手なマイルールでどちらかの暖簾《のれん》をくぐっているようです。

趣のある古い建物が上手に生かされた「異空間」

今宮神社の楼門から門前通を南に下がり、北大路通を越えると、船岡《ふなおか》山を迂回するように道が続きます。なだらかなカーブを曲がり切ると、**鞍馬口通**へ。

住宅街のなかに、重厚な門構えを見せるのが、「**船岡温泉**」です。

温泉といっても天然温泉ではなく、銭湯。

それでも、京都の地下水を使っていると聞けば、ちょっと特別な気がします。

船岡温泉。風格のある玄関は、大正時代に料理旅館として創業した名残

文化庁の登録有形文化財になっている建物は、大正12年に料理旅館として建てられたもの。暖簾をくぐってなかに入ると、びっしりと貼られたカラフルな南欧のマジョリカタイルと、ゴージャスな透かし彫りの欄間《らんま》に出迎えられて、初めて訪れる人は誰もが思わず息をのんでしまいます。

戦災が少なかった京都の街には、今でも数多くの銭湯が残っていますが、それでもここ数年はさまざまな理由で暖簾を下ろすところが増えています。

同じ鞍馬口通沿いには、そんな元銭湯の空間をじょうずに生かしてカフェとして利用しているところも。**「さらさ西陣」**は築80年の「藤の森温泉」を改修して2000年にオープン。男湯と女湯の仕切りの壁や、和製マジョリカタイルを残して仕上げた空間は、独特な雰囲気の素敵なカフェです。この並びには、極上わらびもちの**「茶洛《さらく》」**、唐紙の「かみ添《そえ》」、季節感を大切にした定食がおいしい「スガマチ食堂」、手打ちそばの「かね井」と気になるお店もたくさん。

最後は、レトロさんぽの足を伸ばして、千本今出川まで。ここには、昭和13年創業、当時のおもかげが残る喫茶店**「静香」**があります。昔から変わらぬ自家焙煎コーヒーは、フレッシュ（ミルク）入り。気取らないおいしさに、心がほぐれます。

私の寄り道情報

今宮神社
京都市北区紫野今宮町 21
TEL 075-491-0082

一和
京都市北区紫野今宮町 69
TEL 075-492-6852

船岡温泉
京都市北区紫野南舟岡町 82-1
TEL 075-441-3735

さらさ西陣
京都市北区紫野東藤ノ森町 11-1
TEL 075-432-5075

茶洛
京都市北区紫野東藤ノ森町 10-2
TEL 075-431-2005

静香
京都市上京区今出川通千本西入ル
南上善寺町 164
TEL 075-461-5323

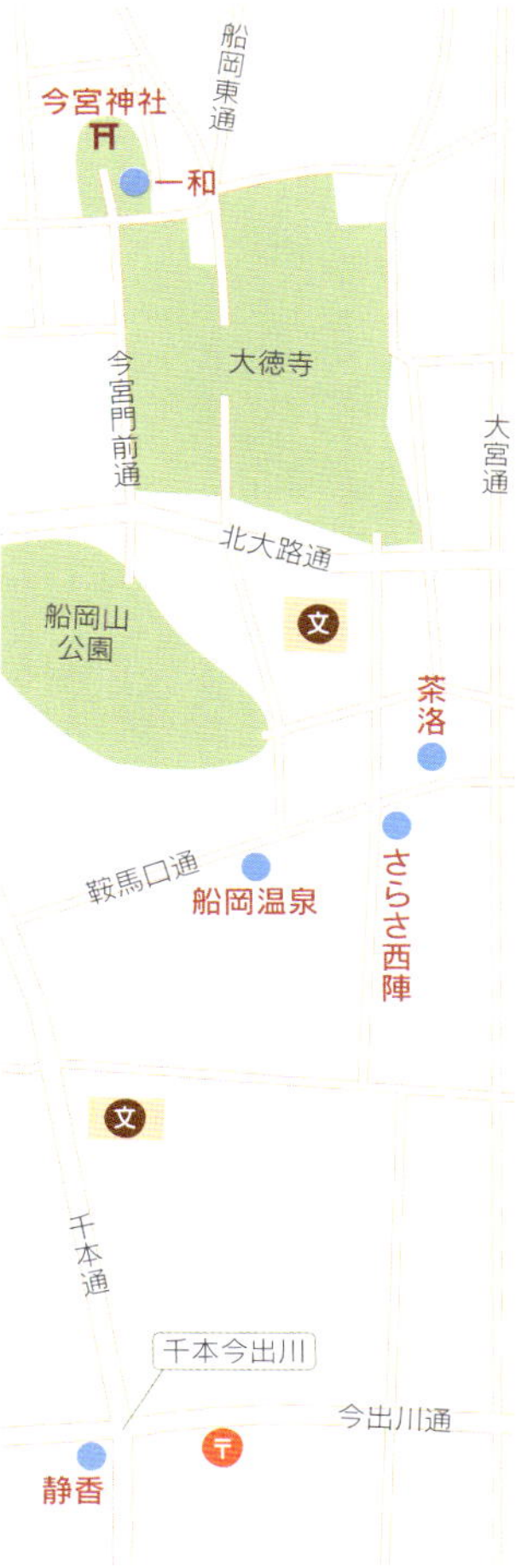

【上七軒《かみしちけん》】

京の五花街のひとつで「花散歩」

「京都に春を連れてくるのはサクラではなく、梅の開花なのだ」――これは最近、友人たちのツイッターへの投稿を眺めていたときに気づいたことです。

2月後半に入って、梅の開花を告げる京都人の〝つぶやき〟数が、あまりにも多かったのです。なかでもみんなが楽しみにしている有名な梅園があるのは、**京都御苑《ぎょえん》**と**北野天満宮**。

京都御苑では、敷地内の西側に梅林があり、紅白の梅の木が、次々と花を咲かせます。ちなみに、梅林の北側には桃林もあるので、サクラ咲く春の本番に向けて、ずっと飽きずに花さんぽを楽しむことができます。

そして、「天神さん」こと北野天満宮。

START!

有職菓子御調進所 老松《おいまつ》

← 徒歩

天神堂

← 徒歩

上七軒《かみしちけん》歌舞練場

← 徒歩

弓月京店《ゆづききょうみせ》

← 徒歩

まつひろ商店

上七軒の
「有職菓子御調進所　老松」

「東風《こち》吹かば　匂ひをこせよ　梅の花　主なしとて　春な忘れそ」と歌も詠《よ》んだ菅《すが》原《わら》道真《みちざね》公の愛木として知られる梅が梅苑に約1500本植えられていて、開花の時期に合わせて公開されます（要入場料）。

もしタイミングが合えば、2月25日に行なわれる「梅花祭《ばいかさい》」へ。花街・上七軒の芸舞妓さん総出の華やかな野点《のだて》の茶会もよい体験です。

散歩途中で和菓子づくり体験も！

そんな天神さんの東門からすぐ、上七軒歌舞練場のそばに**「有職《ゆうそく》菓子御調進所　老《おい》松《まつ》」**があります。

実は、長年、天神さんの梅苑の管理をしているのがこちらの「老松」で、公開中の梅苑でいただける茶菓も、こちらの「春鶯囀《しゅんおうてん》」と「香梅煎《こうばいせん》」なのです。

そして、ここでぜひ体験してみたいのが、京菓子教室。

予約は必要ですが、所要時間は約1時間で、旅の途中でも参加しやすい体験教室です。まずは京菓子の歴史の講義があり、日本における和菓子の文化を駆け足で知るこ

ぜひ挑戦してみたい和菓子づくり。シンプルなお菓子もこんなに手間がかかる

とができます。そしていよいよ、実際の和菓子づくり。用意されたねりきり（上生菓《じょうなま》子の基本の素材）やあんを使い、職人さんを真似て、季節の和菓子へと作り上げていきます。

職人さんがやると簡単そうに見える手順も、いざ自分の手指でやろうとすると、これがなかなか難しい。これまでなにげなく食べていた和菓子のカタチがどのように作られていたのか、新たな発見があります。

自作の和菓子のうち、一つは抹茶とともにその場でいただき、あとの4つは箱に入れてお土産に持ち帰れます。

そぞろ歩くだけでときめく上七軒

この「老松」が暖簾を掲げる通りを上七軒といいます。

室町時代、天神さんの社殿の造営に使った残木で七軒の水茶屋が建ったのが名の起こりとされている、京の五花街の一つ。今もまた大々的な通りの改修が行なわれていますが、工事が終われば、以前にも増して趣《おもむき》のあるエリアになりそうです。

上・雪化粧の天神さん／
右下、左下・上七軒に暖簾を掲げる、がまぐちの「まつひろ商店」

天神さんの東門を出て通りに入る前に左手に見えるのが、創業昭和27年、2代続く焼き餅の**「天神堂」**。

それから、上七軒の芸舞妓さんが、日頃のお稽古の成果を発表する**「上七軒歌舞練場」**。実はこちら、夏の2カ月間は、お庭を使ったビアガーデンが開かれます。しかも、おそろいの浴衣姿の芸妓さん、舞妓さんが同席してくれるスペシャルなおもてなし。誰でも気軽に入れるので、夏になったら是非もう一度、足を運んでみてください。

その斜め向かいで上品な暖簾が揺れているのは和装小物の**「弓月京店《ゆづききょうみせ》」**。和装に興味があるならなおさらですが、「まだちょっと」という方も気軽に覗いてみてほしい、西陣御召《おめし》（織物）のアンテナショップです。

そして、元お茶屋さん跡の座敷が、大小さまざまな大きさ、カタチのがまぐちで埋めつくされている**「まつひろ商店」**。こちらも、2階で「がまぐちづくり教室」が開催されているので（申し込みは先着順）、うまく時間の作れる人は、こちらにもトライして「学びの旅」を実践してみてもいいかもしれません。

私の寄り道情報

有職菓子御調進所　老松

京都市上京区今出川通御前通東入ル社家長屋町675-2
TEL　075-463-3050

天神堂

京都市上京区今出川通御前通東入ル社家長屋
TEL　075-462-2042

上七軒歌舞練場

京都市上京区今出川通七本松西入ル真盛町742
TEL　075-461-0148

弓月京店

京都市上京区上七軒701
TEL　075-467-8778

まつひろ商店　上七軒店

京都市上京区今出川通七本松西入ル真盛町716
TEL　075-467-1927

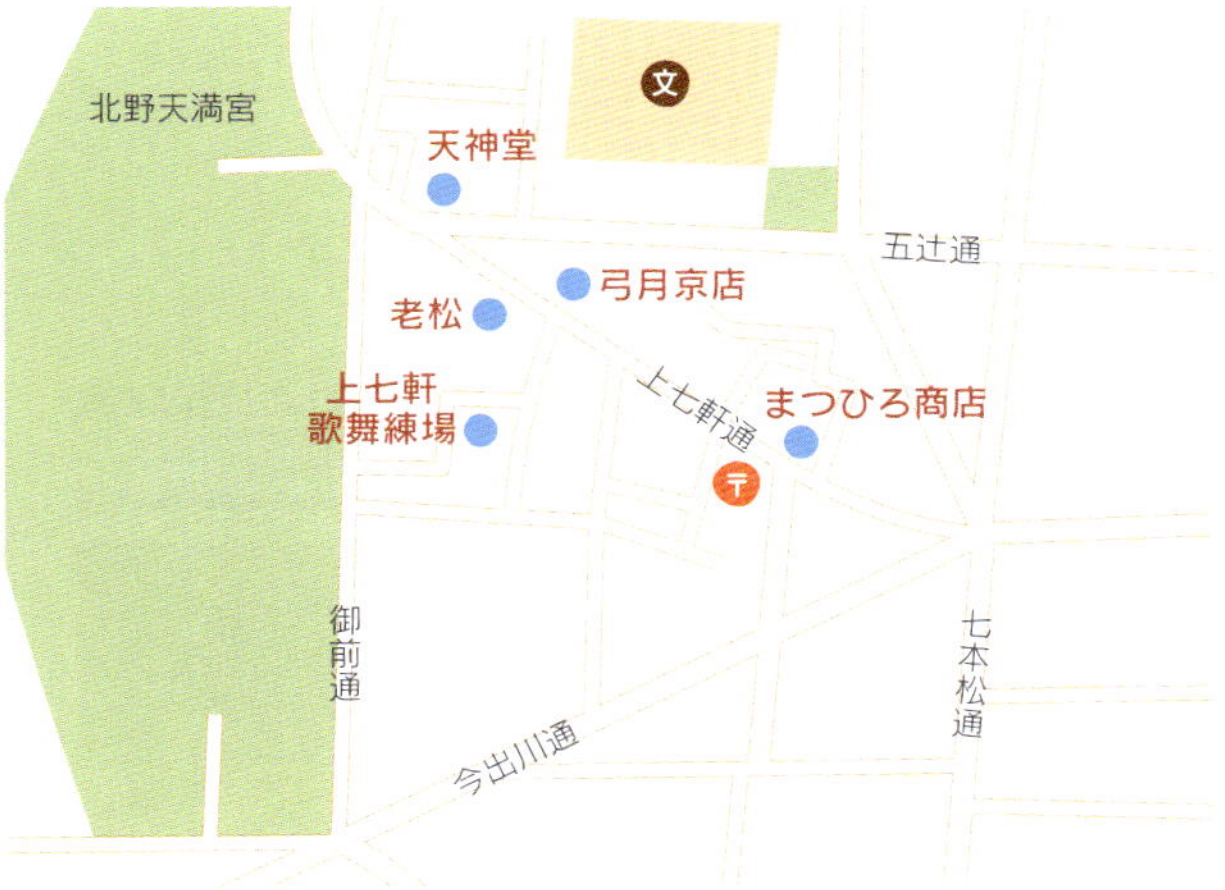

今宮神社門前の
名物あぶり餅

冬の道草コラム

お寺巡りには門前菓子のお楽しみも

京都でお寺めぐりをしていると、どこからかいい香りが――つい手が伸びてしまう門前菓子です。

たとえば、京の街の人たちも大好きで、「目がない」と言っても過言ではないのが今宮神社の門前菓子、あぶり餅。これは、「日本最古の和菓子」といわれるほどふるくから続くもの。

ほかにも、北野天満宮だと、「粟餅所・澤屋《さわや》」の粟餅と「長五郎《ちようごろう》餅本舗」の長五郎餅。三宅八幡宮近くの「双鳩堂《そうきゆうどう》」では、抹茶、白、ニッキと3色そろって愛らしい、鳩もち。東寺へ行くなら、その名も「東寺餅」。

どれも、お詣りとセットで味わいたい素朴なおいしさです。

ただし、冬は少し営業時間が短くなっている場合があるので注意が必要です。

【三条会商店街】
足を踏み入れると、そこは京都の日常

知らない街へ旅をして商店街を見つけたら、とにかくなかを歩いてみてください。ガイドブックにも載っていない、「リアルな生活の気配」が感じられるはずです。

京都にも、なかなかアジのある商店街がいくつかあります。どんどん増えるスーパーやコンビニに負けじと、ふるくからそこで働く人たち、暮らす人たちが、いろいろな努力を重ねて未来への継続に尽力しています。

たとえば、前に紹介した錦市場では、各店舗にツイッターのアカウントが配布されたことで話題になりました。もちろん使いこなせない店主もいるようですが、「生ガキ入りました！」「今からタイムセールします」「東北の酒を飲む会やり

START!
ミートショップヒロ
←徒歩
ナチュラルサイクル
←徒歩
八坂《やさか》神社御供社《ごくうしゃ》
←徒歩
武信《たけのぶ》稲荷神社
←徒歩
フルーツパーラーヤオイソ
←徒歩
壬生寺《みぶでら》

武信稲荷神社の境内

まっせ」とつぶやくと、かなりの反響を呼んでいるようです。

さらに、元気のよさで最近話題を集めるのが、二条城の南側を東西に約800mの長いアーケードでつなぐ**「京都三条会商店街」**。アーケードは昭和39年に設置され、当時話題の「東洋の魔女」（女子バレーボールチームの愛称）にかけて「東洋一」とまで称されました。その長さゆえに、自転車で通り抜ける人も多い商店街ですが、実は人通りの少ない雨の日の早朝に、あのアテネ五輪女子マラソン金メダリストの野口みずき選手がアーケードの下を走り、練習を重ねていたことでも知られています。

キャッチコピーは「365日晴れの街」

京都三条会商店街は、JR嵯峨野《さがの》線と地下鉄東西線のふたつの路線からアクセスできる二条駅前からすぐ。千本通から堀川通まで、東に向かってアーケードがのびます。「365日晴れの街」というキャッチコピーどおりの元気さで、まずこの商店街を活気づけるのが、千本通から入ってすぐの**「ミートショップ ヒロ」**です。

これぞ、まさに地域の人に愛される〝観光客の知らない名店〟。系列の焼肉店「弘《ひろ》」

三条会商店街

も人気ですが、店頭で850円で売られている「リブロースの姿焼き弁当」のファンも多く、このおいしさがまた格別。

「ヒロ」のような古くからのお店が現役でがんばる一方、ここ4～5年は、空きテナントに次々と元気なお店が入っています。京都が誇るオリジナル自転車ショップ「**ナチュラルサイクル**」が移転してきた頃がちょうど転機かもしれません。

その斜め前に店舗を構える「**凛靴**《りんか》」は、靴の修理屋さん。靴のかかとの張り替えから草履《ぞうり》の修理まで、多様な相談に応えてくれる若き職人さんは、たのもしい存在。

そのまま東へ向うと、商店の間に小さな朱色の鳥居が一つ。

ふだんは、商店街を行き交う人たちを静かに見守るこの「八坂《やさか》神社御供社《ごくうしゃ》」は、祇園発祥の地とされている大切な社。7月の祇園祭では、山鉾《やまぼこ》巡行の1週間後に行なわれる「還幸祭《かんこうさい》」の3基の神輿《みこし》が、この御供社を経て祇園の八坂神社まで担がれます。

商店街の中に霊験あらたかな「縁結びの木」!?

鳥居といえば、もう一カ所、立ち寄りたい場所があります。

四条大宮のヤオイソ。レトロなパッケージのフルーツサンドは京都っ子の大好物

商店街のちょうど半ばほど、昔ながらの店構えで紙類を扱う、風格ある平井紙店の角を南へ下がると、右手にとてもふるい鳥居が見えてきます。

これが**「武信稲荷神社《たけのぶいなりじんじゃ》」**。

平安初期、このあたりが平安京の中心部であったころ、藤原氏の医療施設であった延命院を守護する守り神が祀られたのが始まりといわれています。

いくつもの鳥居をくぐって緑あふれる境内を進むと、弁財天《べんざいてん》を宿す樹齢850年の大木に出会うことができます。このエノキは、平重盛《たいらのしげもり》が安芸《あき》の宮島 厳島《いつくしま》神社から苗木を移し植えたと伝えられる、京都最大最古の霊樹。

坂本龍馬とその妻・お龍の再会の地との逸話もありますが、エノキは旧来その名から「縁の木」とも呼ばれ、昔はこのご神木の下に毛氈《もうせん》が敷かれ、お見合いの席が設けられたという話もあります。

生命力あふれる霊樹のエネルギーを存分に授かったら、路地を四条大宮まで南下して、**「フルーツパーラーヤオイソ」**で絶品フルーツサンドを買って一服。また少し先まで歩いて、**「壬生寺《みぶでら》」**へもお詣りしてみましょうか。

ミートショップヒロ

京都市中京区千本三条角
TEL　075-811-4129

ナチュラルサイクル

京都市中京区三条大宮西入ル上瓦町 50-1
TEL　075-811-7997

八坂神社御供社

京都市中京区御供町

武信稲荷神社

京都市中京区三条大宮西二筋目下ル
TEL　075-841-3023

フルーツパーラーヤオイソ

京都市下京区四条大宮東入ル立中町 488
TEL　075-841-0353

壬生寺

京都市中京区壬生梛ノ宮町 31
TEL　075-841-3381

【二寧坂《にねい》～ねねの道】

京情緒あふれる甘味処をたずねて

粒あん派か、こしあん派か、どこにおいしいあんこのお菓子があるか、ということになると、話が止まらない……そんなあんこ好きがこよなく愛した祇園下河原の「下河原　阿《あ》月《づき》」という名店が、惜しくも2011年5月をもって閉店となりました。

ここで売られていたのは、良質の小豆《あずき》を丁寧に炊いたあんこが、焼きたての丸いカステラ生地でふんわりと包まれた「三笠《みかさ》」。ご存じの方も多いと思いますが、京都だけでなく関西では「どら焼き」のことをこのように呼ぶのです。

「三笠」という名前の由来は、そのカタチが、銅鑼《どら》ではなく、三笠山（奈良の若草山）に見えた……ということです。ちな

START!

紅蝙蝠《べにこうもり》 ← 徒歩 高台寺《こうだいじ》 ← 徒歩 圓徳院《えんとくいん》 ← 徒歩 金網つじ ← 徒歩 かさぎ屋 ← 徒歩 清水寺《きよみずでら》

大正創業の甘味処「かさぎ屋」でほっこり

みに三笠山は標高300mにも満たないくらいのなだらかな山。山全体が芝に覆われ、奈良を代表する景観の一つとされています。

「阿月」の三笠はもう食べられないけど、三笠は京都人の好きな〝普段使い〟の和菓子のひとつです。

石畳の小径で京都気分にひたる「石塀小路」

さて、下河原通から東の高台寺方面へ抜ける、石塀《いしべ》小路という情緒あふれる細道があります。入り口は、まさかと思うほどひっそりしているので、うっかり見逃してしまわないように。

この通りの石畳は、いかにも下駄の音が似合いそうな風情。大正時代から続く料亭や旅館が静かに暖簾を掲げていて、映画の撮影にもよく使われる抜け道です。伝統建築物保存地区に指定されているため、現代に入っても大きな変化はありませんが、なかには、元お茶屋さんを改装した新しい飲食店もあって、なかに入ることができます。

そんな一軒が「**紅蝙蝠**《べにこうもり》」。画家・金子國義《くによし》さんの作品を置くサロンも兼ねた伝統的

二寧坂の階段脇にある甘味処、かさぎ屋

な和空間で、本格京割烹の味をランチやスイーツで楽しむことができます。

秋冬期にとくにおすすめなのが、抹茶ロールケーキと生麩《なまふ》のおしるこ。おしるこは、お餅じゃなくて、焼き目をつけた生麩が入っているのが京都らしいところです。

夜は、八坂の塔（法観寺《ほうかんじ》）を眼前に望む2階席で、ちょっと贅沢に鴨鍋やすっぽん鍋……というのも、粋な京都の楽しみ方です。

さて、クネクネと右へ左へと折れながら、石塀小路特有の情緒を満喫したら、そのまま高台寺道へと抜けていきます。

ここには、豊臣秀吉の正妻・ねねゆかりの**高台寺**と**圓徳院**《えんとくいん》があるため、最近ではこの高台寺道が「ねねの道」と呼ばれるようになっています。〝最近〟と言っても10年は経つと思うのですが、それでも京都人には通じないことがあるので、道を尋ねるときには「高台寺道」といったほうがいいでしょう。

高台寺の南側には、小さな土産物店が並んでいて、このなかの一軒に、「**金網つじ**」のアンテナショップがあります。伝統的な手編みの金網で作る、見た目に美しく、しかも実用的な日用品が並びます。四角いセラミック付きの焼き網で食パンを焼くとおいしいと、著名人にもファンが多い注目のお店です。

しんしんと底冷えする京の冬

清水寺へは二寧坂、産寧坂《さんねいざか》から

その脇にあるのが、二寧坂、産寧坂に続く坂道。

ゆるやかに上り坂になった石畳の両脇に、新旧のお土産物店や甘味屋さん、和雑貨屋さんなどが並びます。あんこ好きに是非寄ってもらいたいのが、二寧坂の石段脇にある甘味処の「**かさぎ屋**」。創業は大正3年、お店の雰囲気もメニューも、大正時代とほとんど変わらないというのですから、今や京都の宝物のようなお店。

最高級の丹波大納言を昔ながらのかまどでゆっくりと炊き上げたあんこは絶品。志《し》る古《こ》・ぜんざい・亀山……と、選ぶのに苦労するほどのおいしさです。

「かさぎ屋」でほっこりしたあとは、産寧坂、そして**清水寺**《きよみずでら》へ石畳が続きます。

この坂道は、北政所《きたのまんどころ》・ねねが子の誕生（産）を念じて清水寺へお詣りしたといういわれがある道。そんなことにも思いをはせながら、ぜひ高台寺方面からゆっくり登るように歩いてみてください。

紅蝙蝠

京都市東山区下河原町 463-8
TEL　075-533-6688

高台寺

京都市東山区高台寺下河原町 526
TEL　075-561-9966

圓徳院

京都市東山区高台寺下河原町 530
TEL　075-525-0101

金網つじ

京都市東山区高台寺南門通下河原東入ル枡屋町 362-5
TEL　075-551-5500

かさぎ屋

京都市東山区桝屋町 349
TEL　075-561-9562

清水寺

京都市東山区清水 1 丁目 294
TEL　075-551-1234

行事カレンダー

3月――弥生《やよい》

ひなまつり（宝鏡寺）1日

涅槃《ねはん》図公開（真如《しんによ》堂）

北野をどり（上七軒《かみしちけん》歌舞練場）3/25～4/7

はねず踊り（随心院《ずいしんいん》）最終日曜日

二条城ライトアップ（二条城）
3月下旬～4月上旬

4月――卯月《うづき》

都《みやこ》をどり（祇園甲部歌舞練場）1～30日

やすらい祭（今宮神社）第2日曜日

炭山陶器まつり（宇治公園）第1土曜日、日曜日

四頭《よつがしら》茶会（建仁寺）20日

大念仏会／春の壬生狂言（壬生寺）21～29日

5月――皐月《さつき》

鴨川をどり（先斗町《ぽんとちょう》歌舞練場）1～24日

床開き（鴨川納涼床）1～9/30日

大原女《おはらめ》まつり（大原一帯）1～15日

流鏑馬《やぶさめ》神事（下鴨神社）3日

葵祭《あおいまつり》（京都御所～下鴨神社～上賀茂神社）15日

五月満月祭〈ウエサク祭〉（鞍馬寺）
5月の満月の夜

春の「とっておき」散歩道

◆ゆっくりと歩く・日常を忘れる・自然にひたる

京の桜を堪能する「とっておき」の花散歩

【岡崎】

桜の咲く頃の京都は本当に美しく、そのはかない花の季節をどうにかこの目でとらえようと、たくさんの観光客で賑わいます。

日本人はもともと〝桜好き〟ですが、とくに京都の桜を楽しんでもらいたいのには理由があります。

あるとき、東京の方に「東京の桜は、ほとんどがソメイヨシノなの」ということを教えてもらいました。

つまり、一斉に咲いて、一斉に散るのだと。なるほど、それは実にはかない……。けれど、ひとことで桜といっても、多種多様な桜があり、本来は品種ごとに、あるいは地域ごとに、順に咲いて、順に散っていくのです。

START!

蹴上《けあげ》インクライン

← 徒歩

岡崎桜回廊《かいろう》
十石舟《じっこくぶね》めぐり

← 徒歩

平安神宮

← 徒歩

ラヴァチュール

← 徒歩

京都市動物園

満開の桜のトンネルになる蹴上（けあげ）インクライン

山に囲まれた京都の街では、その様が順を追って楽しめるというのが醍醐味《だいごみ》の一つ。挨拶をするときも、「桜が咲きましたね」とは言わず、「あっこ（あそこ）の桜が咲きはじめましたね」ということのほうが多いのは、その証拠かも。

実際に、早咲きのものは3月下旬から、遅咲きのものは4月下旬まであり、約1カ月間も「桜のシーズン」が楽しめる京都。その開花情報を仕入れるには、地元紙の『京都新聞』が便利です（最近では、インターネットサイトのほうでも情報が配信されるようになっているので、チェックしてみてくださいね）。

ゆっくりと、歩いて楽しむ桜エリア

市内各所、たくさんある桜の名所のなかでも、私がいちばん好きなのは、岡崎界隈です。

まずは、地下鉄東西線蹴上《けあげ》駅あたりから南禅寺まで続く、**「蹴上インクライン」**。

ここは明治時代に作られた、舟の運搬用傾斜鉄道の跡地。今はもう使われない線路沿いに、90本も連なる〝桜のトンネル〟の下を歩いてみる気分の良さはなんとも言え

日本で２番目に歴史のある京都市動物園。アミメキリンの母子には、ともにハートマークの模様がある

ません。

そして、見所のいちばんは、なんと言っても「**平安神宮**」。本殿をぐるりと包み込むように設けられている回遊式の庭園（正式には神苑。拝観料は大人600円）があり、春夏秋冬いつ訪れても美しいのですが、桜の季節は格別。入り口の門をくぐってすぐ、目に飛び込んでくるのが紅枝垂桜《べにしだれ》。建物の朱色との対比も美しくて、あでやか。もちろん、紅枝垂だけではなく、苑内には約20種300本の桜があって、見頃も長く楽しめます。観光で訪れても、ここは少しゆったりと時間をとっておきたいところ。

もう一カ所、同じ岡崎でおすすめしたいのは、「**京都市動物園**」。ここは、上野に次いで、日本で2番目に歴史のある動物園。といっても、まわりには平安神宮をはじめ、お寺や美術館など注目のスポットが多すぎて、観光で訪れる人は少ないので穴場といえるかもしれません。けれど、京都では誰もが子どもの頃にお世話になる定番スポット。

実はこちら、岡崎法勝寺町《ほっしょうじちょう》という住所の通り、明治36年の開園前はお寺の敷地だったらしく、敷地内にふるい松や桜がたくさん残されているのです。

四季折々の美しさが堪能できる平安神宮の神苑。春は苑内約 300 本の桜を愛でる

小さな動物園ですが、子連れやデートでピクニック気分を味わいたいなら、ぜひ訪れたいスポットです。

桜を堪能したあとは日本一のタルトタタンを

どこに入らずとも、岡崎の疎水沿いに点々と、あるいはずらりと咲き誇る桜はそれはそれは美しく、京都人が楽しみにしている光景でもあります。最近は、「**岡崎桜回《かい》廊《ろう》十石舟《じっこくぶね》めぐり**」という遊覧船に乗って楽しむこともできるようです。「花より団子！」という人が岡崎エリアを訪れたら立ち寄りたいのが「**ラヴァチュール**」。

ここは、フランス地方菓子の「タルトタタン」が食べられるお店。祖父母が始めたお店を、今はお孫さんが受け継いで大切に守っています。

タルトタタンは、りんごとバターと砂糖で作る焼き菓子。りんごの旬である秋から冬が食べ頃かと思いがちですが、店主いわく、この店の理想のタルトタタンのおいしさが味わえるのは3月下旬頃から。「桜」とリンクして覚えておきたいお店です。

蹴上インクライン

岡崎桜回廊十石舟めぐり

http://kyoto-tabi.or.jp/access.html

平安神宮

京都市左京区岡崎西天王町 97
TEL　075-761-0221

ラヴァチュール

京都市左京区聖護院円頓美町 47-5
TEL　075-751-0591

京都市動物園

京都市左京区岡崎法勝寺町 岡崎公園内
TEL　075-771-0210

新緑のシャワーを浴びる「五月晴れの一日」

【嵐山〜亀岡】

春の訪れを告げる桜が咲いたかと思えばあっという間に花吹雪。少し切ない気分にもなるけれど、それはそれで美しい葉桜の頃。街のあちこちで、楓《かえで》の新緑もきらきらと芽吹き、生命力にあふれる季節が到来します。

夏は暑くて冬は寒く、春と秋には観光客でごった返す京都の街で、五月の連休前後は気候的にも過ごしやすい上、人出もそれほど多くなく、ちょっとした散策にも、最高の条件がそろった季節といえるかもしれません。

7月の祇園祭では「必ず」といっていいほど雨に降られるのですが、5月15日の葵祭《あおいまつり》は、いつも晴れやかな青空とすがすがしい新緑の中で、行なわれている印象があります。

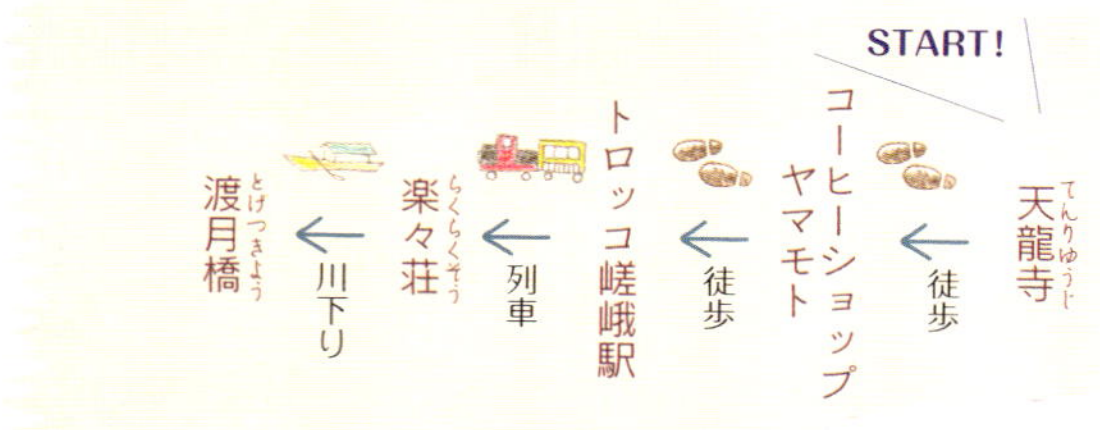

世界遺産の天龍寺

少し話は脱線しますが、一般的には、祇園祭の頃に「一番おいしい季節」といって食べられることの多い「鯖《さば》寿司」。実は京都の街なかでは葵祭の時期にいただくことが多く、あちらの家からこちらの家へ「お祭りのお寿司」として、鯖寿司が行き来します。

家には「うちのおかんの作ったの」から「うちの近所のお店の」まで、いろいろな鯖寿司が並びます。鯖寿司の食べ比べ。ちょっとおもしろい5月の京都の風景です。

さて、話を戻して、ここでは、新緑の頃の京都で、季節を存分に満喫できるイチオシのコースをお教えしましょう。

世界遺産「天龍寺」は、朝早起きして訪れたい

春と秋には人と車が混み合うので、なかなか足を運ぶ気になれない嵐山方面。

そんななかでもおすすめしたいのが、世界遺産の「**天龍寺**」です。

ことに、曹源池《そうげんち》を中心とした大きな庭園は、嵐山、亀山の借景も美しく、いつまでも眺めていたい風景が広がります。

天龍寺の庭園は嵐山、亀山の
借景も美しい

かつてはこの界隈一帯が天龍寺の敷地だったとのこと。朝は人も少なく、周りの竹林を歩くと、この季節特有の緑のエネルギーに、パワーをもらえる気がします。

朝のコーヒーは、土産物店が並ぶ観光エリアを少し外れて、丸太町通の「**コーヒーショップ ヤマモト**」まで。親子2代でほのぼのと経営されている個人店で、人気メニューのフレンチトーストは、ぜひとも味わってもらいたい絶品のおいしさです。

そして、トロッコ嵯峨《さが》駅から、**トロッコ列車**に乗車。

JRローカル線の廃線を利用し、平成3年に開業した路線は、保津川《ほづがわ》渓谷に沿って、8・8km、およそ25分の短い列車の旅を存分に楽しませてくれます。

行きはトロッコ、帰りは川下りで新緑を存分に味わう

トロッコ列車の終着駅は、トロッコ亀岡駅。

ここでランチタイムをとるなら、トロッコ列車の前身「国鉄旧山陰線」の生みの親といわれる明治の財界人、田中源太郎の生家を今に残す「**楽々荘**《らくらくそう》」へ。

北町という古い小さな商店街の一角にある料理旅館で、トロッコ列車のトンネル

左上・渓谷の緑の中を走り抜けるトロッコ列車／下・五月晴れの保津川下り

や鉄橋と同じレンガを使った洋館や、七代目小川治兵衛《じへえ》（造園「植治《うえじ》」）の手による700坪の庭園をぐるりと拝見するのも贅沢な時間。ここではカジュアルなイタリアンランチをいただくことができます。

帰り道は、列車ではなく、船で**保津川下り**（最終便が15時半発と少し早いので、乗り遅れないように気をつけて）を楽しみましょう。保津川は、かつて豊富で質のよい丹波の木材・穀類・薪炭を筏《いかだ》で運ぶための大切な水路として使われていました。今では、観光客である私たちを乗せた二人の船頭さんが交代で棹《さお》を操り、山間の渓谷を縫うように舟を走らせます。

新緑が美しいこの時期は、よく目を凝らすと、山の上から川面を見下ろす鹿や猿の親子に遭遇したり、耳を澄ませば、遠くで鹿の鳴く声が聞こえたりします。水流もおだやかで、のんびりと川下りを楽しめます。

ここで、話術も巧みな熟練の船頭さんに加えて、ぼけたり、つっこんだりのあいの手が打てる「関西のオバチャン」がそろっていたら、その舟は大当たり！　大笑いしている間に舟は嵐山の**渡月橋**《とげつきょう》のあたりに到着。新緑を満喫した1日が暮れてゆきます。

さて、おいしい夜ごはんを食べに、街なかに戻りますか。

私の寄り道情報

トロッコ列車

http://www.sagano-kanko.co.jp/access/index.html

保津川下り

京都府亀岡市保津町下中島1
TEL　0771-22-5846
http://www.hozugawakudari.jp/

天龍寺

京都市右京区嵯峨天龍寺芒ノ馬場町68
TEL　075-881-1235

コーヒーショップ ヤマモト

京都市右京区嵯峨天龍寺瀬戸川町9
TEL　075-871-4454

楽々荘

京都府亀岡市北町44番地
TEL　0771-22-0808

左・千鳥酢／
中、右・澤井醤油の濃口、薄口

左・原了郭の黒七味／中、右・一休堂の京山椒、京一味

ひと味違う、京都の調味料

上生菓子《じょうなま》にしても、お豆腐にしても、お料理にしても、京都ならではの食べ物の「おいしさ」は、新鮮さや繊細さがあってこそ。

お土産として持ち帰れるものは、なかなかないかもしれません。けれど、その「おいしさ」のエッセンスを少しでも自宅で再現したい……という人には、京都ブランドの調味料がおすすめです。

ちょっとした手土産に喜ばれるのは、祇園「原了《はらりょう》郭《かく》」の黒七味。お土産には高級感のある木筒入りがいいけれど、自宅用なら缶入りタイプがお手ごろでしょう。

京都では料亭でも家庭でも使われる村山造酢の「千鳥酢」は、お酢の概念を変えるような、まろやかで深みのある味わいで、天然の甘さは特有。

クリアな味わいの煮物の秘訣は「澤井醤油」の淡口醤油。料理好きの人なら、白味噌にトライしてみるのもいいですね。

【二条城界隈】

今一番ホットなクリエイターズエリア

数年前の夏に、マンションからふるい長屋に引っ越しをしました。友人の物件探しに付き合っていて巡り合った家で、場所は二条城のすぐそば。

それまでは、御所南《ごしょみなみ》あたりに10年以上も暮らしていたので、河原町通から千本通へは結構思い切った引っ越しをしたつもりだったのですが、地下鉄に換算すると、たった駅3つ分……。京都人の「遠い」「近い」の感覚はちょっとあてになりません（笑）。

さて、引っ越してすぐに、車で送ってくれた友人が「お、ヨーロッパ企画の事務所のすぐ近所やな」とおもしろがってくれました。

START！
上田製菓本舗
↓ 徒歩
ギャラリー
モーネンスコンピス
↓ 徒歩
ソングバード
デザインストア
↓ 徒歩
元離宮　二条城
↓ 徒歩
喫茶チロル
↓ 徒歩
佐々木酒造

観光客でにぎわう二条城

ヨーロッパ企画とは、京都をベースに活動する劇団で、『サマータイムマシン・ブルース』や『曲がれ！　スプーン』（原作は『冬のユリゲラー』）という作品が映画化されたこともあり、舞台上にとどまらず、活躍の場を広げる集団です。

彼らは事務所として、主宰の上田誠《まこと》さんの実家（お菓子屋さん）を間借りしていて、さらにそのことを公《おおやけ》にしています。その、うわさのお菓子屋さんが、二条城のすぐご近所さんにあるのです。

注目のアトリエで「新しい京都」を楽しむ

件《くだん》の上田さんの実家「**上田製菓本舗**」は、厳密にいうと「ラスク屋さん」。甘い香りをただよわせる小さな工場で、昔懐かしいラスクを作っています。店頭では、少し割れたり欠けたりしたラスクが袋詰めになって１００円特価で売られていたり、時折、ラスク用のパンも販売していたり。おいしい出会いを求めてちょっと覗いてみたくなる昭和レトロな工場です。

そして、上田製菓から歩いてすぐ、こちらもまたかわいいレトロ喫茶の「**チロル**」

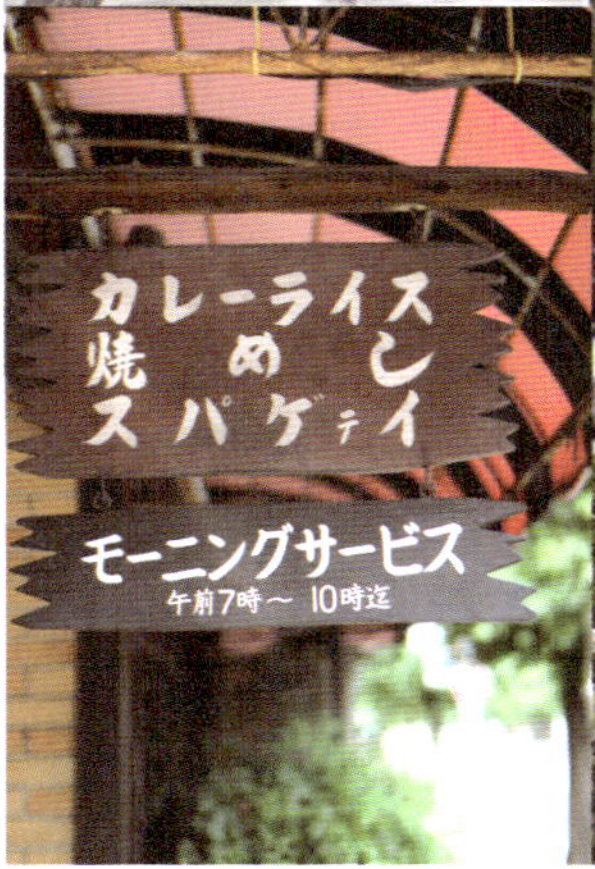

右上、左上・ラスクの上田製菓本舗／
左下・喫茶チロル／右下・二条城のお堀

があります。

ここでは、いつも笑顔で朗《ほが》らかなおかあさんが作ってくれるカレーライスとおいしいコーヒーをいただきます。

二条城をぐるりと半周まわって、北東の角、堀川丸太町あたりには、注目のクリエイターズアトリエがあります。

一軒は、デザイナーの徳田正樹《まさき》さんが奥様と二人三脚で営む「**ソングバード デザイン ストア**」。2階がゆったりとしたカフェ「ソングバード コーヒー」。カフェの上階は、徳田さんがデザインを手がける家具のショールームになっています。

2階の窓から、堀川通を挟んでちょうど向こうに見える、「**ギャラリー モーネンスコンピス**」も注目のアトリエ。

グラフィック工芸家の井上由季子さんと、彼女を慕うクリエイターさんたちのアトリエは、なんと、ボイラー工場の敷地内にあるかわいらしい一軒家。今では、同じ敷地内に、ギャラリーも誕生。初めて訪れる人は「え、ここがギャラリー？」と思わず目を疑ってしまいそうなロケーションですが、展示がある日は、通りに小さな看板が掲げてあるのでそれを目印に。

右上・幼稚園のかわいい時計／左上、左下・ソングバードデザインストア／右下・町工場の中のモーネンスコンピス

最近は、展示にまつわるイベントが堀川通を越えてご近所の「ソングバード コーヒー」に飛び火していることもあって、そんなムーブメントもちょっとおもしろいなあ、と思います。

京の街中に残るただ一軒の「造り酒屋」は……

丸太町通を北に越えると、**「佐々木酒造」**があります。ここは、俳優、佐々木蔵之介さんのご実家として知られる酒造。芸能人の家ということだけでなく、今や、京都の街なかのただ一軒の造り酒屋として、とても貴重な存在の酒造さんです。

酒処で有名な伏見とは異なり、この界隈は、昔ながらの糸染めや印染めの看板を掲げる町家が残るエリア。そんななかにある「佐々木酒造」を見つけるには、大きな杉玉を目印にしてください。

おいしい日本酒を造るのにも、染めものをするのにも、豊富できれいな水が必要。堀川に沿うようにここに豊かな地下水の水脈があると思えば、染屋と酒造が並んでいるのも不思議ではありません。

私の寄り道情報

上田製菓本舗
京都市中京区西ノ京北聖町 38
TEL　075-841-0676

ギャラリー　モーネンスコンピス
京都市上京区堀川通丸太町下ル下堀川町 154-1　エーワンテック本社ビル 3F
TEL　075-821-3477

ソングバードデザインストア
京都市中京区竹屋町通堀川東入ル西竹屋町 529
TEL　075-252-2781

元離宮　二条城
京都市中京区二条通堀川西入ル二条城町 541
TEL　075-841-0096

喫茶チロル
京都市中京区御池通大宮西入ル門前町 539-3
TEL　075-821-3031

佐々木酒造
京都市上京区日暮通椹木町下ル北伊勢屋町 727
TEL　075-841-8106

【祇園古門前《ふるもんぜん》・新門前《しんもんぜん》】

アンティーク散歩で、お気に入りを探して

春の祇園はうらうらとして一段と華やか。

ことに、4月いっぱいは「ヨーイヤァサー」のかけ声とともに、**「都《みやこ》をどり」**（祇園甲部《こうぶ》の舞踊公演）が連日開催される日々。芸舞妓さんが毎日舞台に立ち、観劇に訪れたお客さんたちが、昼も夜も、**花見小路**あたりを賑わせます。

朝早くから始まる舞台に立つために朝方4時や5時には髪結いへ行く舞妓さんが、1日何回もの公演を終え、そのままお座敷に向かい、日付が変わったと思えばまた朝がくる。この1カ月間は、気の抜けないライブ感のようなものが、街じゅうにあふれて、躍動感を感じる季節でもあります。

そして、この季節に見逃したくないのは、祇園の北側を、

START!

てっさい堂道具店

↓ 徒歩

tessaido annex 昴《すばる》

↓ 徒歩

染司《そめのつかさ》よしおか

↓ 徒歩

祇園金瓢《きんぴょう》

↓ 徒歩

ちんぎれや

横切るようにさらさらと流れる白川沿いの桜。満開に咲き誇るさまもいいのですが、日暮れからささやかにライトアップされる夜桜も、妖艶《ようえん》な美しさがあります。

ここを訪れたら、ちょっと奮発して、この季節だからこその白川沿いの飲食店やバーを訪れてみるのもいいかもしれません。

お気に入りのアンティークの豆皿をひとつ

春の祇園のもうひとつの楽しみは、**古門前**、**新門前**あたりの骨董屋さん。

古門前、新門前とは通りの名前で、その名のごとく、「**知恩院**《ちおんいん》」の門前通りという意味から名付けられています。

古門前通は、もともと職人の街。指物屋《さしものや》、炭屋、左官屋、悉皆屋《しっかいや》（染み抜き、染め替えなど、着物にまつわる何でも屋さん）、古着屋、骨董屋、瓦屋などがずらりと並んでいたそうです。今も所々にその名残を見つけることができます。

文化7（1810）年創業の「**金瓢**《きんぴょう》」という清酒の醸造元が、今もその立派な屋敷を残していますが、その建物は「**祇園金瓢**」として商家跡を一棟貸し切る宿になって

新門前、古門前界隈のまちなみ

います。ここでは骨董などの調度品や、ふるい趣を残した建物の風情を、宿泊して体感できます。

今は骨董屋さんや美術商が看板を掲げる古門前通の西の端、ちょうど大和《やまと》大路に出る手前にあるのが**「てっさい堂道具店」**。

踊るような文字で「多くて楽しい道具の店　御気軽にお入りやす」と書かれた看板は、文人・武者小路実篤《むしやのこうじさねあつ》の書。店内には、染付けや古伊万里《こいまり》の小さな器が、ぎっしりと積まれていて、足を踏み入れた途端に思わず感嘆の声をあげてしまいます。

このように器を扱うお店では、「ちょっと見せてください」と声をかけ、大きな荷物はお店に預けて丁寧に商品を拝見するのがマナー。かわいい豆皿などが手頃な価格で見つかったら掘り出し物なので、気に入ったら迷わず買うことをおすすめします。

この店の斜め向かいで娘さんが営んでいるのが**「tessaido annex 昴《すばる》」**。こちらも骨董の店です。2、3人も入れば店内いっぱいになるほど、さらに小さなお店ですが、店主の松永仁美さんが古伊万里から古いヨーロッパの器まで、ジャンルや固定概念にとらわれることなく巧みにコーディネートした、小さな宝箱のような空間です。

看板に惹かれて、てっさい堂道具店

世界的古美術商が並ぶアートストリート

対して、一筋南の新門前通は、世界的に知られる古美術商の看板がずらりと掲げられているアートストリート。思い思いにカタカナや横文字を配した、この大小の看板をじっくりと見て歩くだけでも、いい気分にひたれそう。

今なお古美術を扱う店が多いこの通りで、あたらしい商品を売るお店が**「染司《そめのつかさ》よしおか」**。ここに並ぶのは、なんともやさしい色合いの布小物。日本の古典的、伝統的な技法を伝承する植物染、草木染を今につなぐ職人技でつくられています。

こうして見ると、街全体がまるで大きな古美術館のように思えてきます。

あちこちのショーウインドーで目の保養をしたら、大和大路を三条のほうへ。右手にある**「ちんぎれや」**は、江戸時代〜明治初期のふるい「きれ」と、それを使った小物を扱うお店。博物館に並んでもいいような時代裂《ぎれ》を使ったがまぐちは、自分の思い出にも、大切な人に差し上げてもうれしい、「使えるアンティーク」です。

てっさい堂道具店

京都市東山区古門前通大和大路東入ル
TEL 075-531-2829

tessaido annex 昴

京都市東山区古門前通大和大路東入ル元町 378-1
TEL 075-525-0805

染司よしおか

京都市東山区新門前通大和大路（縄手通）東入ル
TEL 075-525-2580

祇園金瓢

京都市東山区古門前三吉町 335
TEL 075-561-1550

ちんぎれや

京都市東山区縄手通三条南入ル元町 372-1
TEL 075-561-4726

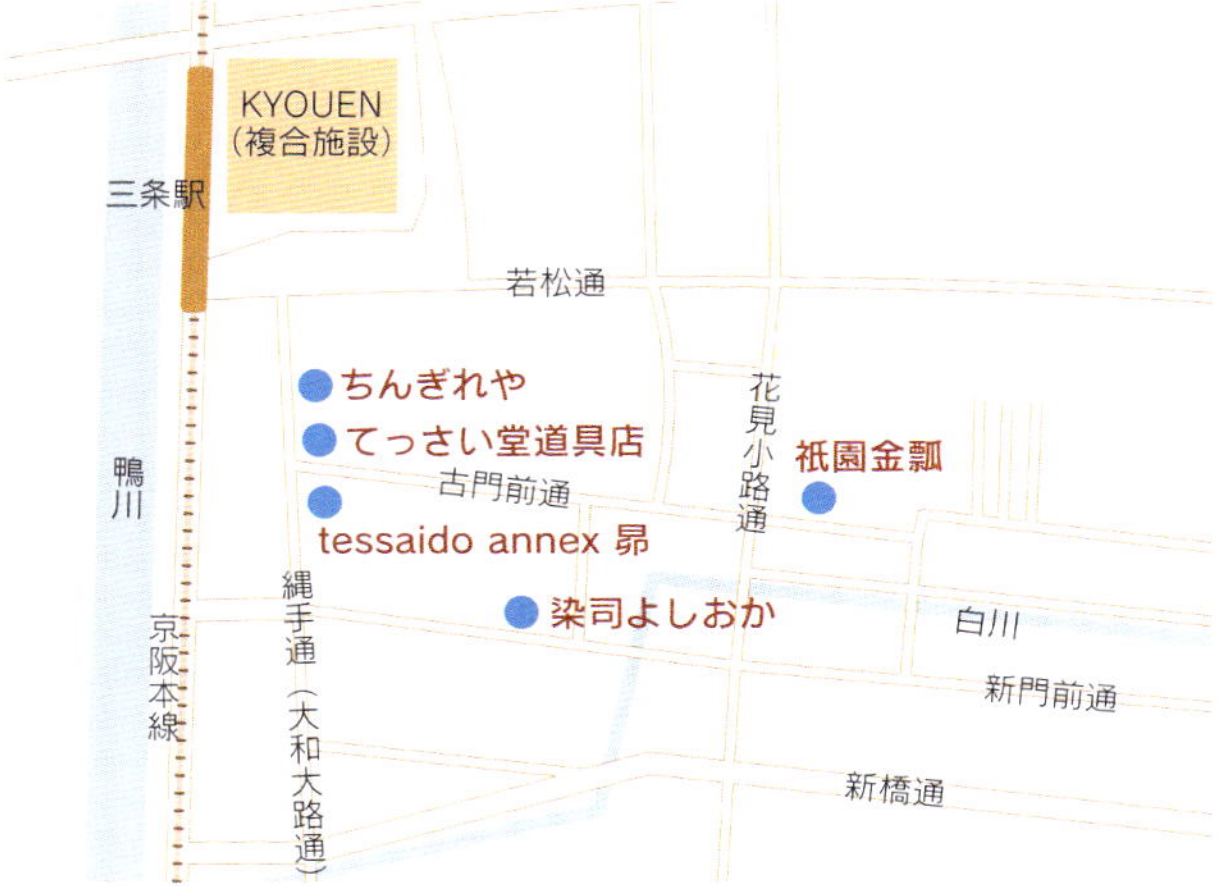

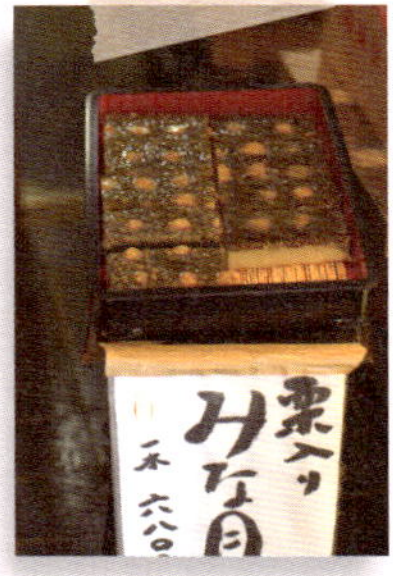

6月のお菓子、みな月。これを食べて、夏に備えます

春の道草コラム

夏を迎える準備——茅《ち》の輪《わ》とみな月

お正月には花びら餅、桜の頃は桜餅、5月になれば柏餅、10月の亥《い》の日には亥の子餅……。京都に暮らしていると、年中行事とリンクするように、「この日(季節)に食べとかなアカン和菓子」があります。

それぞれに、れっきとした「いわれ」があり、だからこそ今でもその慣習が残っているのでしょう。でも、ふだんはそこまで難しいことを考えず「そろそろ五月の連休やなあ」というのと同じ調子で「ああ、柏餅の季節やなあ」となります。

6月30日、1年のちょうど半分のところで半年分の厄を払う「夏越祓《なごしのはらえ》」に「食べなアカン」のは、「みな月」というお菓子。下はういろう、上は魔除けを意味する小豆で、三角のカタチは暑気を払う氷を表します。

このころ京都を訪れると、神社に大きな「茅の輪」が設置されています。罪やけがれをとり除くもので、これをくぐって疫を祓い、さらに「みな月」を食べたら、京都で夏を迎える準備は万端なのです。

【姉小路《あねやこうじ》～三条】

「京都の暮らし」の魅力に触れる散歩道

おとなになって京都を訪れてみて、修学旅行で来たときとは違う魅力にはまり、京都人よりも京都に詳しくなるほど、京都通いをするリピーターさんがいらっしゃいます。

見つけにくい路地奥のレストランから、できたばかりのあたらしいカフェ、小さな神社のかわいいおまもりまで、クチコミや京都本、ネットの情報を便りに、どん欲に街を楽しむ「ツウ」ぶりには、街の人もすっかり感心してしまうほど。

好きが高じて「いつかは京都に住んでみたい」という憧れをもっている人も、とくに女性に多いようです。友人からも何度となくそんなため息まじりの言葉を耳にしています。

「もしも私が京都で暮らすなら……」

START!
アンティークベル
← 徒歩
プロアンティークス COM
← 徒歩
イノダコーヒ三条支店
← 徒歩
ライト商会
← 徒歩
フィンガーマークス

「アンティークベル」で、日常に使える古い道具探し

現実には難しいのでしょうが、そんなことを考えながら街を歩いてみるのも楽しいかもしれません。視点が変わり、あたらしい京都を発見できるからです。

個性的な新旧の店が点在する姉小路通

空想で京都暮らしを思い描くなら、やっぱり京町家が憧れ、という人が多いはず。町家に引っ越して感じるのは、現代的な家具のなじまなさ。やはり、家と同じ年代に作られたものや、そうでなくても少しふるくて「味のあるモノ」がしっくりときます。

そんな家具を探すなら、**「アンティークベル」**と**「プロアンティークスCOM」**の2軒がおすすめ。「味のあるモノ」がセンスよくセレクトされていて、なおかつ手頃な価格で手に入る、とても貴重な存在です。

「アンティークベル」は、寺町のお香・和文具店**「鳩居堂《きゅうきょどう》」**のすぐそば。小さくて個性的な新旧の店が点在する**姉小路通**に位置しています。

「鳩居堂」を少し下がって、老舗のお肉屋さんを越え、繁華街の細い路地にあるのが、**「ライト商会」**。ここは、少しタイプが異なりモダンな洋ものが多いアンティークショッ

上・そぞろ歩きも楽しい姉小路通／右下・「アンティークベル」／左下・街の真ん中の路地にある「ライト商会」

プですが、時が止まったかのような静かな空間がそのままカフェにもなっています。すてきなインテリアのなかで、コーヒーをいただきながらゆっくりと時間が過ごせるのがツボなのです。

そして、京都文化博物館の東隣にあるのが「プロアンティークスCOM」。豆皿から、大正時代のガラスもの、レトロな照明器具に和箪笥《わだんす》まで、実に幅広い品ぞろえ。どれも、メンテナンスがしっかりほどこされてから売られているので、実用的なものばかり。2階もあるので、時間のあるときにゆっくりと訪れたいお店です。

買えるものも買えないものも、あれこれ実際に手に取ってみて、自分の部屋に置いたときのことを想像して……仮想の京都暮らしに思いを馳せる時間が必要ならば、名店**「イノダコーヒ三条支店」**で一服。

空いていれば、この店の顔ともいえる、円形カウンターに座ってみましょう。私は、オリジナルブレンド「アラビアの真珠」と一緒に、ふわふわとした食感と甘酸っぱさが特徴の「レモンパイ」もよくオーダーします。

カフェや雑貨屋のオーナーも御用達の
家具屋「フィンガーマークス」

京都らしい住空間をつくり出す家具たち

古いけれどいかめしくない、町家に似合う「手頃なサイズの家具」を見つけるのは、実はなかなか大変な作業。

覚えておくと便利だろうな、と思うのは二条通の「**フィンガーマークス**」です。

オリジナル家具と、しっかりメンテナンスされたふるい家具が同居するこちらは、雑貨屋さんやカフェのオーナーのファンも多いようです。それはきっと、ここで扱われている商品が、ほどよくふるい、京都らしい空間を演出してくれるからに違いありません。

それと同時に、古い家具の修理なども快く引き受けてくれる姿勢、自店のブランドにこだわらずどんな家具も「手をかけて大事に長く使う」というコンセプトが、京都の街にぴったりとマッチするのも大きな理由でしょう。

「もしも、この街に暮らすなら」――足を運んだことのある通りもお店も、そんな視点で見つめながら歩いてみると、いつもとはまた違ったなにかが見えてきます。

アンティークベル

京都市中京区姉小路通御幸町東入ル丸屋町334
TEL　075-212-7668

プロアンティークスCOM

京都市中京区三条高倉上ル東片町616
TEL　075-254-7536

イノダコーヒ三条支店

京都市中京区三条通堺町東入ル桝屋町69
TEL　075-223-0171

ライト商会

京都市中京区寺町三条下ル1筋目東入ル
TEL　075-211-6635

フィンガーマークス

京都市中京区二条通高倉西入ル松屋町58-2
TEL　075-212-8360

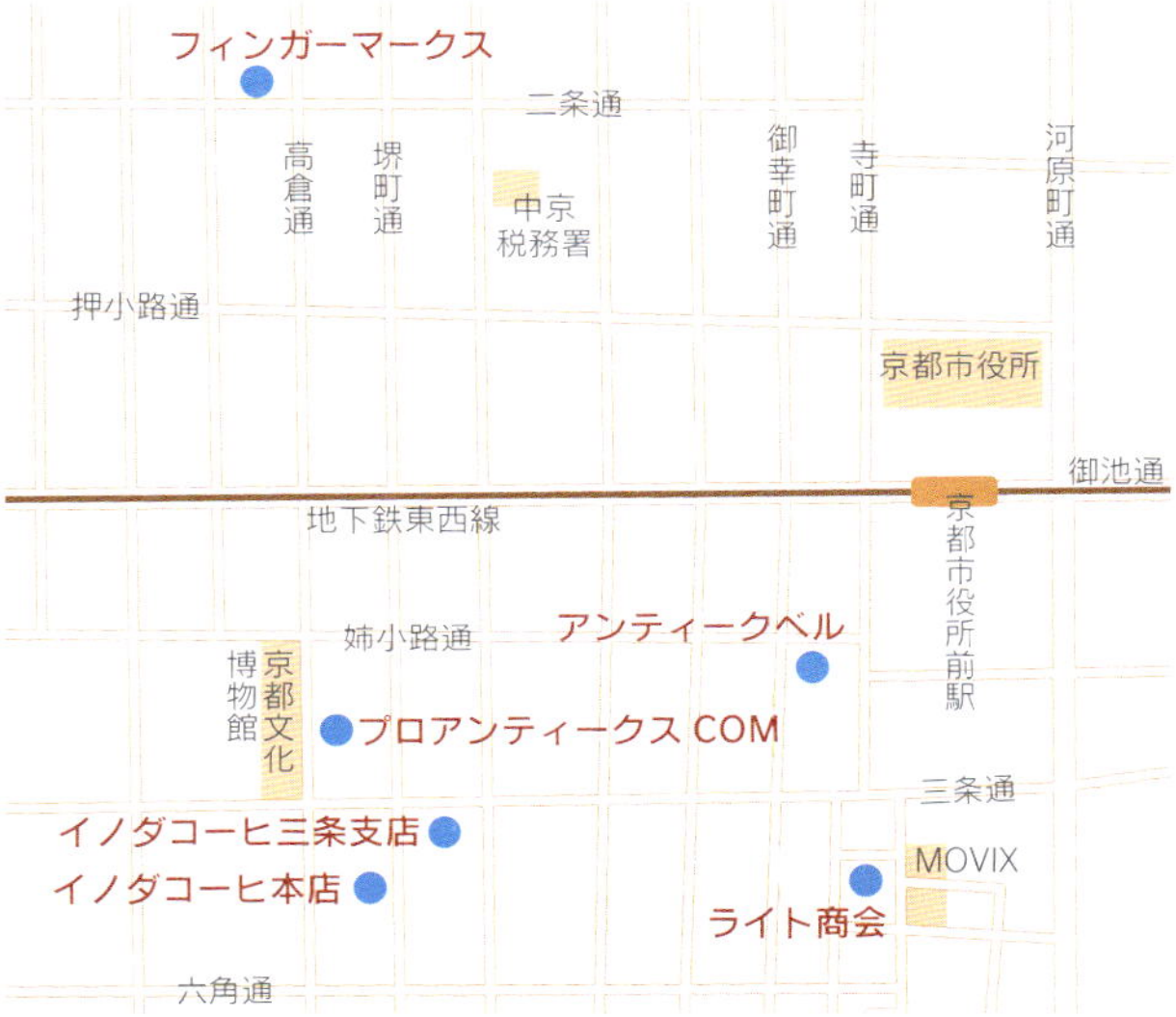

行事カレンダー

6月——水無月《みなづき》

京都薪能《たきぎのう》（平安神宮）1～2日

紫陽花《あじさい》まつり（藤森神社）15日

竹《たけ》伐《き》り会《え》式（鞍馬寺）20日

夏越祓《なごしのはらえ》（市内各神社）

7月——文月《ふみづき》

祇園祭（八坂神社、各鉾町）1～31日

貴船《きぶね》の水まつり（貴船神社）7日

宝物虫払会《ほうもつむしばらいえ》（真如堂）25日

千日詣り（愛宕《あたご》神社）31日夜～8/1早朝

8月——葉月《はづき》

八朔《はっさく》（五花街）1日

五条坂陶器まつり（五条通）7～10日

六道まいり（六道珍皇寺《ちんのうじ》）7～10日

千日詣り（清水寺）14～16日

納涼古本まつり（下鴨神社糺《ただす》の森）半ば頃

五山《ござん》の送り火　16日

夏の「とっておき」散歩道

◆「夏の京都の過ごし方」

——どう歩く？　どう楽しむ？

6月 水無月

7月 文月

8月 葉月

初夏の雨音を聞きながら、訪れたい場所がある

【堀川寺之内《ほりかわてらのうち》】

数十年前から日本に暮らし、今は京都の鴨川沿いで家族とともに生活するアメリカ人の男性に、「一番好きな季節はいつですか?」と聞いたことがあります。

その答えは、「梅雨」。

ちょっと意外だったけれど、よく考えてみれば、雨の京都というのは存外悪くありません。人も車もさほど多くなく、夏の蒸し暑さも、冬の底冷えもない季節……。

雨に濡れて生き生きとする新緑も、雨上がりの石畳も素敵な光景です。

「とくに、和傘にあたる雨音なんて、たまらないよね」

かつて旅館だったふるい建物を改装した彼の家の玄関に

START!

日吉屋《ひよしや》 ← 徒歩 宝鏡寺《ほうきょうじ》 ← 徒歩 俵屋吉富《たわらやよしとみ》 小川店 ← 徒歩 妙蓮寺《みょうれんじ》 ← 徒歩 雨宝院《うほういん》

和傘の天日干しが見られる宝鏡寺

は、たしかに使い込まれた和傘が置かれていたのを覚えています。

和傘に落ちる、雨粒の音。どんな音なのか、知らない人だって多いはず。京都にふるきをたずねるならば、歴史的建物だけでなく、音や香りにもヒントがあるようです。

色とりどりの「傘」が咲くお寺

ふるくからの伝統工芸が今もたくさん残る京都なら、和傘を作ったり売ったりしている店もたくさんありそうな気がします。ところが、現在、昔ながらに和傘を作り続けているのは、堀川寺之内の「**日吉屋**《ひよしや》」たった一軒なのだそう。

「江戸時代から生活必需品とされ、最盛期には年間1万本以上も生産されていましたが、明治時代に洋傘が輸入されて急速に衰退してしまいました」

と丁寧に教えてくださるのは、当主の西堀耕太郎さん。奥さんの実家である「日吉屋」が年商100万円までの危機に陥ったとき、脱サラならぬ脱・公務員で職人の道へ入り、暖簾《のれん》を守った救世主です。

工房に併設したショップに並ぶシンプルな蛇《じゃ》の目傘のお値段は、3万円程度。数百

俵屋吉富小川店。奥に併設された「茶ろんたわらや」で白玉宇治金時

円でビニール傘が買える時代に、これは決して安くはないけれど、傷めばその度に修理してもらえ、一生モノになるのであれば、たしかにその価値はあります。

「日吉屋」で傘を作る作業のうち、仕上げの前に亜麻仁油《あまに》で防水加工を施して「天日で干す」という工程があります。このために昔から場所を借りていらっしゃるのがお向かいの「**宝鏡寺**《ほうきょうじ》」。

代々、日吉屋が鍵を預かり、門の開閉を担当しているという話もおもしろい。晴れた日、うまくタイミングがあえば、「人形の寺」として知られるこのお寺で、色とりどりの傘の花が咲くのを見ることができます。

その名の通り雨の日が似合う「雨宝院」

ひとくちに「傘」といってもいろいろあります。

「日吉屋」がこの地で今日まで営みを続けてきたのには、茶道に使われる「野点《のだて》の傘」を作ってきたという理由もあると言います。このすぐ近くには、茶道家元の表千家《おもてせんけ》、裏千家《うらせんけ》があることを思えば、その理由にも納得がいくというもの。

上・四季折々の花の寺「雨宝院」／
右下・地域活性の取り組みも注目される「妙蓮寺」／
左下・雨宝院の「時雨の松」

そんな日吉屋と、すぐそばにある宝鏡寺の間を東へ少し歩くと、和菓子の「**俵屋吉富**《たわらやよしとみ》 **小川店**」の暖簾が涼しげに揺れています。その奥に併設する茶房「茶ろん　たわらや」でいただきたいのは、白玉宇治金時。茶道の先生方も、家元への行き帰りによく召し上がるとのことで、その上品なおいしさはお墨付きです。

反対に、西へ歩くと、堀川を渡ってすぐに「**妙蓮寺**《みようれんじ》」があります。

ここは、西陣エリアの活性化のために、若いクリエイターに町家を斡旋《あっせん》するプロジェクトが行なわれるなど、ユニークな活動で注目されています。

そういえばこの近くには、「雨」の名前のつくお寺もあります。「妙蓮寺」からほど近い「**雨宝院**《うほういん》」。境内にある「染殿井《そめどのい》」は、染色に使うとよく染まるとされ、昔は西陣で染物業を営む人たちが水を汲みにきたといわれています。

桜の頃が有名ですが、小さな境内には四季折々の草花があり、いつ訪れてもほっと安らげる場所。かつて、久邇宮朝彦親王《くにのみやあさひこしんのう》が突然の雨に雨宿りされたことから名付けられたという「時雨《しぐれ》の松」も、探してみてくださいね。

雨が降っている日に訪れると、その趣がいっそう際立つでしょう。

私の寄り道情報

日吉屋

京都市上京区寺之内通堀川東入ル
百々町 546
TEL　075-441-6644

宝鏡寺

京都市上京区寺之内通堀川東入ル
百々町 547
TEL　075-451-1550

俵屋吉富　小川店

京都市上京区寺之内通小川西入ル
宝鏡院東町 592
TEL　075-411-0114

妙蓮寺

京都市上京区寺之内通大宮東入ル
妙蓮寺前町 875
TEL　075-451-3527

雨宝院

京都市上京区上立売通浄福寺東入
ル聖天町 9-3
TEL　075-441-8678

【下鴨《しもがも》〜貴船《きぶね》・鞍馬《くらま》】

暑い京都の夏で、水をたどる旅へ出かけよう

ひとくちに「京都」といっても、京都は広い。

京都駅のある下京《しもぎょう》区、京都御所がある上京《かみぎょう》区、祇園や名《めい》刹《さつ》のある東山区……と、11の区に分かれていて、それぞれに特色があります。中京《なかぎょう》区に住む人は「中京以外は京都と呼びまへん」と大げさなことを言ったりもします。

では、鴨川の東側、「左京《さきょう》区」はどんな街か。

なんといっても、かの京都大学があるので、アカデミックなイメージ。住人も、「左京区系」と称される万年学生タイプ&クリエイターと、京大や京大病院の先生方を中心としたハイソな方々に大きく二分される……その左京区の面積は、実は市内最大。一番小さい「下京区」の約35倍で、鞍馬、大

START!
下鴨《しもがも》神社
← 徒歩
加茂《かも》みたらし茶屋
← 電車
かどや
← 徒歩
杉々堂《さんさんどう》
← 徒歩
鞍馬寺《くらまでら》
← 徒歩
貴船《きぶね》神社

「下鴨神社」境内の御手洗池

原、比叡山《ひえいざん》まで含まれます。そんな左京区の「広さ」を知るには、「水」をテーマに歩いてみるのがいいかもしれません。

鴨川の水源の神地といわれる「糺の森」

7月の下旬。土用《どよう》の丑《うし》の日といえば「うなぎを食べる日」というのが一般的に定着しているけれど、京都では「下鴨神社の御手洗《みたらし》祭へお詣りする日」でもあります。

平安貴族が夏の疫病を防ぐために、みそぎをしたことが始まりとされる「御手洗祭」は、今でも境内《けいだい》の御手洗池《みたらしのいけ》に膝まで水につかり、無病息災《むびょうそくさい》を祈るため「足つけ神事」とも呼ばれて親しまれている夏の風物詩。

「みたらしといえば、だんご！」と連想する人もいるでしょう。実は、下鴨神社の門前茶屋「**加茂《かも》みたらし茶屋**」で、この御手洗池の水の泡を模したのが、みたらしだんごの発祥とされています。昔ながらの茶屋の趣《おもむき》を残した店でいただく、焼きたてのおだんごは美味そのもの。

下鴨神社のある**糺《ただす》の森**は、古代から清水の湧く場所、鴨川の水源の神地として信仰

下鴨本通の加茂みたらし茶屋。香ばしく焼いたおだんごに、黒砂糖ベースのたれがとろりと絡みつく

されてきました。北の山から流れてきた高野川《たかのがわ》と賀茂川が、ちょうど糺の森のあたりで合流し、鴨川になるのです。

その片方である高野川に沿って、左京区の山間を縫うように走る線路が、**叡山《えいざん》電鉄**。糺の森から橋を渡ってすぐ、南の終着駅・出町柳《でまちやなぎ》駅から電車に乗って、この高野川をぐんぐん上流にさかのぼってみましょう。

天狗に川床、水占おみくじ……歩く価値アリのハイキングコース

始めのうちは「いかにも学生街」という街なみをすり抜けるように走るこの叡山電鉄。ところが、あっと言う間に車窓の景色は一面の緑に変わり、山間をくねくねと進んでいきます。時間にしてたった30分、こんなに簡単に山に来られるのも、京都の一つの特徴です。

北の終着駅の名は鞍馬。改札を出ると、巨大な天狗のオブジェがお出迎えしてくれます。ローカルな電車に30分揺られただけで、天狗が出る山の中まで来てしまったことになるわけです。

右上・貴船神社の水占おみくじ／左上・山椒餅の杉々堂／
右下・かどやの玉子丼／左下・貴船の川床は夏季限定

ここへ来ると必ず食べたくなるのが、駅前「**かどや**」の玉子丼。かまぼこが彩られたシンプルな玉子丼ながら、だしのあまさと玉子のトロトロ加減が絶妙なおいしさ。もしも午前中なら（早々に売り切れてしまうから）、鞍馬寺参道の「**杉々堂**《さんさんどう》」で山椒餅を買って、その場でパクリ。

腹ごしらえが済んだら、目の前にそびえる石階段を上って、いよいよ鞍馬寺へお詣り。あの牛若丸が修行したといわれる鞍馬の山は、**貴船神社**に向かって1時間強の散策コースになっていて、森林浴が満喫できます。奥の院「魔王殿」あたりの木の根道周辺は、ほんとうに天狗が出てきそうな気配がします。

再び山を下り、西門から出て朱色の橋を渡れば、そこは貴船。夏には清流に「川床《かわどこ》」を出し、そうめんや懐石料理をふるまう料理店が賑やかに並びます。

ここから坂を上がるように歩くとすぐに見えてくる84段の石段が、貴船神社です。御祭神は、水の供給を司る「高龗の神《たかおかみ》」。境内の御神水に浮かべると文字が浮かびあがる「水占おみくじ」をひかない手はありません。

電車は走ってないけれど、出町柳駅から賀茂川をさかのぼれば、雲ヶ畑《くもがはた》の「岩屋山志明院《しみょういん》」にたどりつきます。山深き洞窟の湧き水は「鴨川の水源地」とされます。

私の寄り道情報

下鴨神社

京都市左京区下鴨泉川町59
TEL 075-781-0010

加茂みたらし茶屋

京都市左京区下鴨松ノ木町53
TEL 075-791-1652

貴船神社

京都市左京区鞍馬貴船町180
TEL 075-741-2016

かどや

京都市左京区鞍馬本町225
TEL 075-741-2029

鞍馬寺

京都市左京区鞍馬本町1074
TEL 075-741-2003

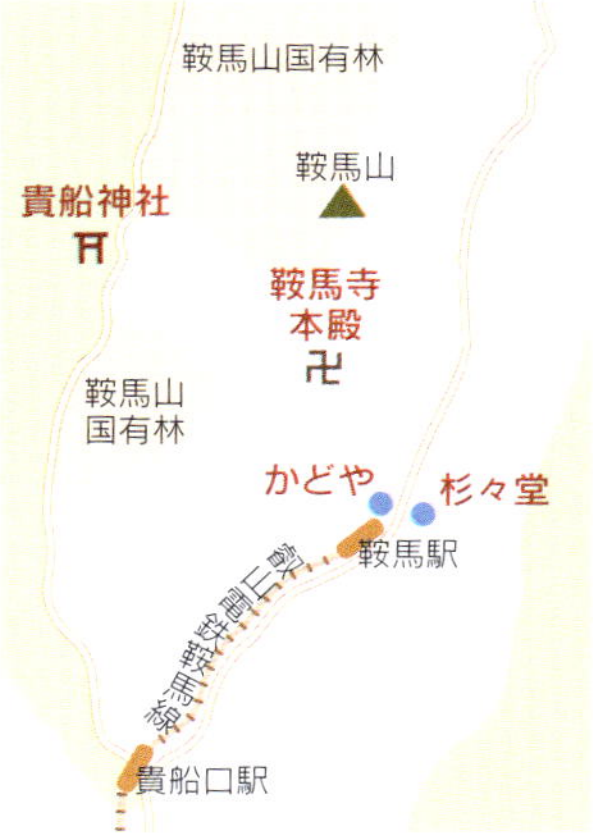

杉々堂

京都市左京区鞍馬本町242

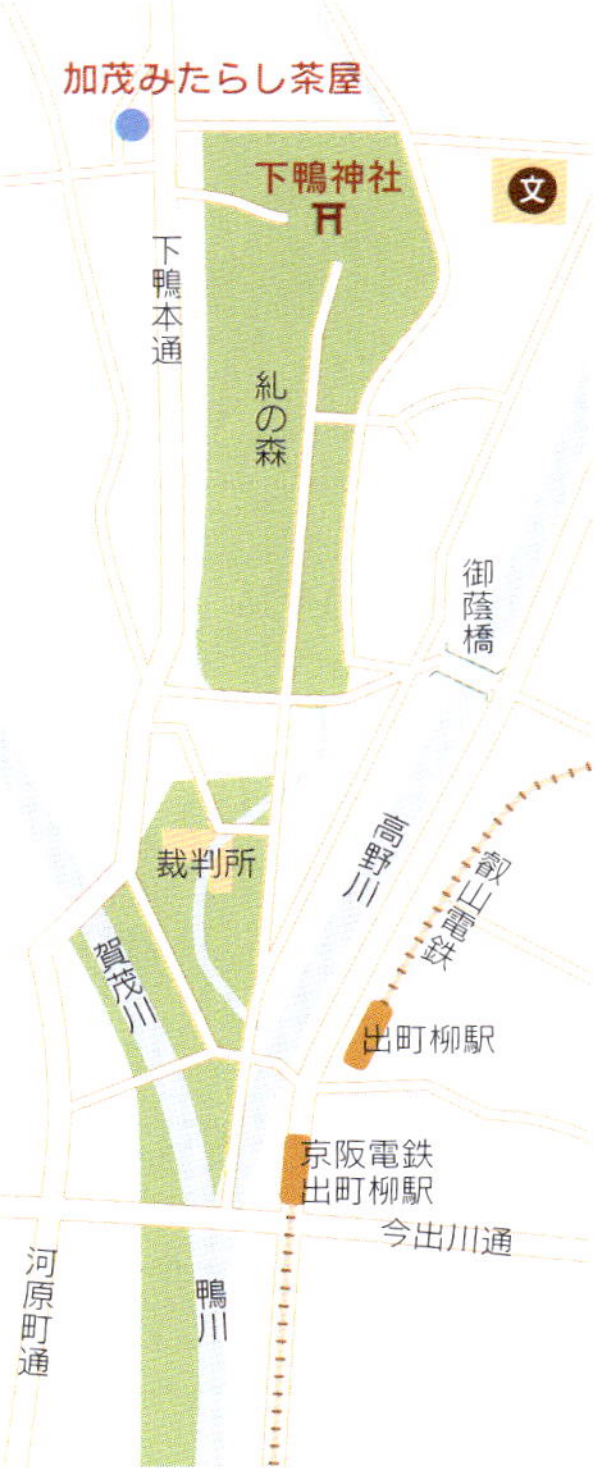

上・鉾町でのみ売られる手ぬぐい／右・黒主山のちまきと手ぬぐい。売り上げ金は、山鉾の保存や修復に充てられる

夏の道草コラム

買いたい！「祇園祭」手土産帖

７月の京都は祇園祭一色。

テレビのニュースなどで紹介されるのは、山鉾《やまぼこ》巡行か、前夜の宵山《よいやま》の賑わいがほとんどだけれど、実は京都の街では、７月１日から31日まで、１カ月もの間、お祭りが続いているのです。

最近では祇園祭専用のガイドブックもたくさん出版され、御朱印帖《ごしゆいんちよう》までできていたりして、お祭りの新しい楽しみ方の提案もいろいろと増えています。

各山鉾の鉾町（鉾を保管する町）では、このときにしか買えないお札や、厄よけのちまき（食べられません）を販売していて、この売り上げが、また来年の祇園祭を支える仕組みになっています。

私は手ぬぐいが好きなので、つい手ぬぐいをチェック。夏ごとに、新しいデザインに出会えるのを楽しみにしています。祇園祭のお土産に、お気に入りの手ぬぐいを見つけてみるのもおすすめです。

「本物」に触れる、「一流」に親しむ街歩き

【四条通】

京都に暮らしていて、うれしいことの一つに、気軽に「本物に出会える」ということがあります。

たとえば、日本が誇る一流の「モノ」。伝統工芸だったり、食材だったり、それを使ったお料理だったり。何百年もの歴史をもつ社寺などのふるい建物、庭園なども含まれるかもしれません。そして、それを代々受け継ぐ「ヒト」。もちろん、数寄屋《すきや》建築の技術や伝統芸能のような「カタチのないモノ」もあります。

そこらを歩いている人が何代目かの職人だったり、能楽師だったり。子どものころの遊び場が実は世界遺産だったり。

だからといって、「生活すべて、一流に囲まれて暮らして

START!
伊《い》と忠《ちゅう》
← 徒歩
京ごふく ゑ《え》り善《ぜん》
← 徒歩
十三《じゅうさん》や
← 徒歩
京人形 田中彌《たなかや》
← 徒歩
漆器のアソベ

京ごふく　ゑり善

ます！」というわけではなく、見えないところではシブチン（よく言えば倹約家）なのが京都人、実のところユニクロが好きだったりもするのですけれど……。

では、歩くだけで本物にふれることができる散歩道を紹介しましょう。

京都の「粋」が集まる場所

京都の夏は暑いだけでなく、湿度が高い。

こんなときには、風が通りぬけるお寺の中の涼しさが格別。でも、本殿にたどり着くまでに、すっかり焦げついてしまうかも……夏の日が高い時間、ホテルからぶらぶらまちを歩くなら、名店のウインドーショッピングはどうでしょう。

いちばんのオススメは、やはり**四条通**です。

東には**八坂**《やさか》**神社**、西には桂川を渡って**松尾大社**がある、京の街の目抜き通り。7月の祇園祭では、鉾《ほこ》が立ち並び、巡行するメインストリートです。

八坂神社から鴨川にかかる四条大橋までが、祇園と呼ばれるエリアで、花街らしく、櫛《くし》、かんざし、扇、和装小物のお店が並びます。このあたりをそぞろ歩くだけでも、

左上、右上・つげ櫛の十三や／
下・履物の伊と忠。京都のショー
ウインドーは「見る」アート

京都らしい気分が満喫できるというもの。

そして、橋を渡って、角に髙島屋がある河原町通あたりから、大丸のある烏丸通《からすま》あたりまでが、百貨店、証券会社や銀行が並ぶ、いわばメインストリートのメインどころです。アーケード街になっているので、雨の日もカンカン照りの日にも、ウインドーショッピングが楽しめます。

四条大橋と河原町通の間にあるのが、履物とバッグの「**伊**《い》**と忠**《ちゅう》」さん。とっておきの和装をひき立てる高級な草履《ぞうり》から、庭下駄、小さい子ども用のぽっくりまでそろう店。時折、店内で鼻緒をすげる職人さんの姿も見られます。

そして、髙島屋の向かいに涼しげな暖簾を掲げるのが、老舗《しにせ》呉服の「**ゑ**《え》**り善**《ぜん》」さん。数年前に建物が新しくなりましたが、趣はそのままに、振袖、留袖、訪問着はもちろんのこと、2階には、全国各地の伝統織物や気軽な綿織物も置かれていて、お店の人に聞く話は、とても勉強になります。夏は昔ながらの藍染めを中心とした浴衣《ゆかた》もたくさん並ぶので、いつもより少し暖簾をくぐりやすい雰囲気かもしれません。

そのまま西へ歩くと、目に飛び込むのが「**十三**《じゅうさん》**や**」の看板です。

つげ櫛やつまみ細工の美しい髪飾りは、いつまで眺めていても飽きません。

左・「漆器のアソベ」は、藍染めの暖簾が目印／下・祇園祭の鉾がずらりと並んでお祭気分をかき立てる、7月の「田中彌」

メインストリートで名店ウインドーショッピング

続いて、京人形の「**田中彌《たなかや》**」さん。お正月には干支《えと》の置物、節句にはひな人形や五月人形……と、季節を映すショーウインドーは、見るだけで楽しい気分にさせてくれます。7月のショーケースは、もちろん祇園祭仕様。小さな鉾が愛らしく並び、お祭りを賑やかに盛り上げています。

さらに西へ渡り、東洞院《ひがしのとういん》通を少し南へ下がると左手にあるのが、「**漆器のアソベ**」。四条通から移転されて、モダンなショールーム式の店舗になりました。5000点の漆の品ぞろえが、さすがの老舗っぷり。お椀の絵柄を染め抜いた暖簾が目印です。

どのお店も、おいそれとは手の届かない逸品を扱っているけれど、「ちょっと見せてください」とひと声かけてお行儀よく店のなかへ入れば、心地よく接客してもらえます。本物をじっくりと自分の目で見て、そのセンスを吸収する。実際に買わなくても、そんな視点で歩いてみれば、四条通はまるで、京都という街の美術館のようにも感じられます。

私の寄り道情報

京人形　田中彌

京都市下京区四条通柳馬場東入ル立売東町9
TEL　075-221-1959

漆器のアソベ

京都市下京区東洞院通四条下ル元悪王子町47-5
TEL　075-344-5333

京ごふく　ゑり善

京都市下京区四条河原町御旅町49
TEL　075-221-1618

十三や

京都市下京区四条通寺町東入ル御旅宮本町13
TEL　075-211-0498

伊と忠

京都市下京区四条通河原町東入ル真町81
TEL　075-221-0308

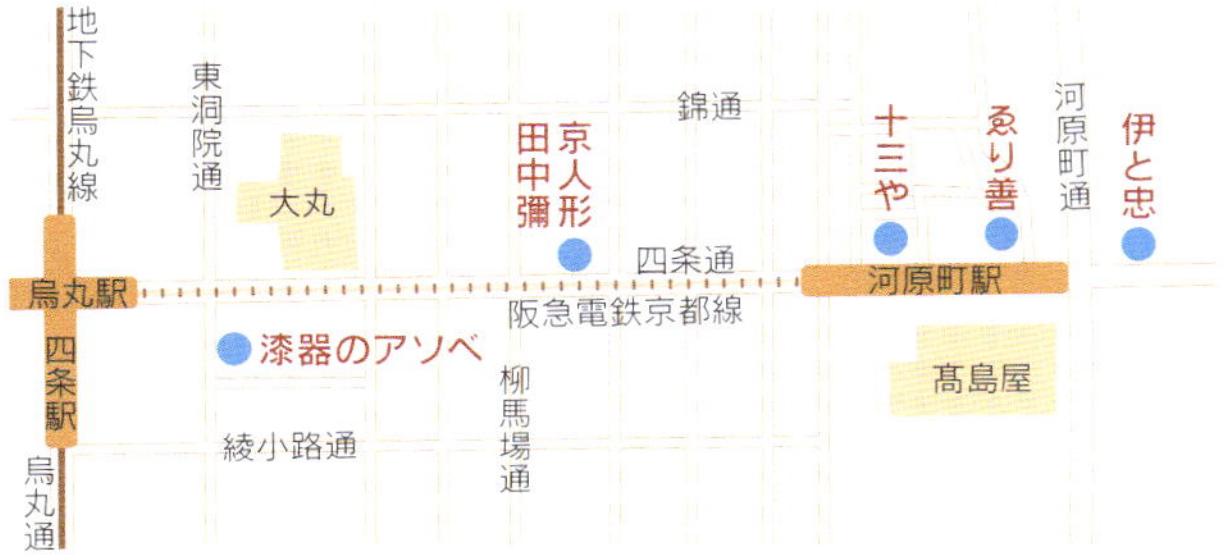

「京都で避暑」なら、優雅な山荘美術館で

【大山崎《おおやまざき》】

京都にも「海」があります。

府北部の**丹後《たんご》半島**が美しい日本海に接しているのです。といっても、市街地から海まではなかなかの距離がある。ローカル線の特急列車に乗って2時間。車なら3時間かかってしまいます。

それで、性格的にどこか合理主義的なところのある京都人は、東の山をひょいと越えてお隣の滋賀県へ乗り込みます。うまくいけば車でも20分くらいで到着する琵琶湖で手を打つわけです。本当かどうか、「小さいころはずっと、琵琶湖は海やと言われて育った」という人だって少なくありません。

すぐに行ける〝海〟はないけれど、四方を山に囲まれてい

START!
山崎十日市
← 徒歩
レリッシュ
← 徒歩
アサヒビール大山崎山荘美術館
← 徒歩
サントリー山崎蒸留所

アサヒビール大山崎山荘美術館

る京都の街。その分、やっぱり山には親しみがあるみたいです。

長時間かけて海を目指すよりも、帽子をかぶってちょっと山歩き、街なかよりも少し涼しい木陰で森林浴、というほうが元々性に合っているのかもしれません。

大山崎へ行くなら「毎月十日」が楽しい

夏に訪れて「いいなあ」とつくづく思えるのは、京都と大阪をわける**天王山**《てんのうざん》の中腹にある「**大山崎山荘美術館**」です。

大正から昭和にかけて、実業家・加賀正太郎によって建築された山荘を本館に、建築家・安藤忠雄《ただお》設計による新館も備えた美術館。誰もが「もしも、こんな山荘で暮らせたら」と夢見心地で妄想せずにはいられないほどのすてきなロケーションです。

まずは、京都駅からJR快速で14分。「大山崎山荘美術館」最寄りの**山崎駅**へ行くなら、毎月10日を狙うのがおすすめです。駅前広場で「**十日市**」が行なわれていて、手作りの小物や雑貨、オーガニックのクッキーなどを販売するブースがたくさん出ています。

大山崎山荘美術館／
右下・所蔵されているモネの「睡蓮」を思わせる、中庭の睡蓮

なかでも、ぜひ立ち寄っていただきたいのは、駅を降りてすぐ目に飛び込んでくる色とりどりの見事な減農薬野菜が並ぶ「**ense**《エンセ》」のブース。サックスプレイヤーでもある小泉伸吾さんが、結婚を機に奥様の実家の農業を本格的に始めて、もうすぐ20年。小泉さんがつくった野菜は、京都や大阪のカフェやレストランにも卸されています。夏はとくに、小泉さんが得意とするナスやトマトが瑞々《みずみず》しいままブースに並び、あっという間に売り切れる人気ぶり。オープン間もない10時頃を目指して行くのが賢明かもしれません。

お料理や雑貨が好きな人は、同じく駅前にあるかわいいお店「**レリッシュ**」も見逃せません。料理家の森かおるさんが主宰する、料理教室と生活雑貨のお店。この季節は、ことにガラスの器が涼しげです。

中庭の涼しげな睡蓮を眺めながら……

大きな踏切を渡り、駅の出口とは反対側へ出て、いよいよ「大山崎山荘美術館」へ。シャトルバスに乗っても行けるのですが、駅から坂道を歩くほうがおすすめ。木陰

右上、右下・山崎駅前十日市／
左上・小泉伸吾さんの「ense」も出店／左下・サントリー山崎蒸留所へ

の坂道を、くねくねと上へ上へとのぼっていきましょう。赤レンガの小さなトンネルのようなものをくぐり抜けたら、到着です。

まずは、庭園を十分楽しんで。四季折々の花が美しく咲くこの庭は、桜と紅葉の時期こそ込み合うこともあるけれど、ちょっと腰掛けておむすびかサンドウイッチを食べるにはちょうどいいロケーションです。

それに夏はなんといっても、モネの名画を思わせる、中庭の睡蓮《すいれん》が花を咲かせる季節。「今日はお庭だけ」と思っていても、美術館が所蔵するモネの「睡蓮」を観たくなり、結局入館することになるかもしれませんが。中にはアサヒビール初代社長も務めた実業家・山本爲三郎《ためさぶろう》が集めた美術品をはじめ、イサム・ノグチやアルベルト・ジャコメッティによる彫刻のコレクションがあります。

さらに時間があれば、一度駅まで降りて、ゆるりとした大山崎の町をぶらりと歩き、日本初のモルトウイスキー蒸留所として知られる**「サントリー山崎蒸留所」**まで。工場見学やセミナー（事前申し込みが必要）は人気が高く、試飲ですっかりご機嫌顔のおじさまたちにすれ違うのもご愛嬌。

海へ行かずとも満足できる、おとなの夏の1日散歩です。

アサヒビール大山崎山荘美術館

京都府乙訓郡大山崎町銭原 5-3
TEL 075-957-3123（総合案内）

レリッシュ

京都府乙訓郡大山崎町大山崎西谷 4-6 HOTEL Dew 大山崎 2F
TEL 075-953-1292

山崎十日市

ＪＲ山崎駅南側広場

サントリー山崎蒸留所

大阪府三島郡島本町山崎 5-2-1
TEL 075-962-1423

ソングバードデザイン
ストアの香立て

お気に入りの扇子をバッグに
忍ばせておくと便利。

夏の道草コラム

「五感」で涼をとる工夫

京の町家暮らしには、昔ながらの日本の暮らしの知恵がたくさん詰まっています。

とくに夏場、メディアではよく、「エコ」という切り口でその工夫や知恵を取り上げたりするけれど、実際のところ、「エコのため」ではなく、「昔からそうだから」という感覚で受け継がれている習慣が多いように思います。

たとえば香り。

涼しい香り、なんてことはないような気もしますが、すっきりとした白檀《びゃくだん》系の香りはやはり、夏に清々《すがすが》しい気分をもたらしてくれます。じぶんが町家に暮らすようになってからはなおさら、人生の先輩たちにいろんな知恵を教わるようになり、生活が豊かになったように感じます。

香り以外でも、音で、目で、涼を感じる。これにはちょっとしたアンテナが必要です。京都では、いつもより少し、五感を解放してみませんか。

【五条坂】

真夏の楽しみ、400軒の出店が並ぶ陶器市

京都で「いよいよ夏だ！」と感じるのは、8月に入って少し経ってからで、暦《こよみ》でいうと「立秋」のころ。

これは、ちょうど「**五条坂陶器まつり**」が行なわれるタイミングです。一般的にいうなら、セミが夜中でも激しく鳴くような、とにかく暑い時期、というのがわかりやすいでしょうか……。

「さて、今年もいよいよ夏のクライマックス！　暑い、暑い」と実感しながら、暑さでヘトヘトになるのがわかっているのに、それでもその五条坂へ素敵な器を探しにくり出すのは、夏の楽しみの一つです。

例年8月7~10日に陶器まつりが開かれる五条坂は、かつ

START!
五条坂陶器まつり ← 徒歩 清水家《しみずけ》 ← 徒歩 河井寛次郎《かんじろう》記念館 ← 徒歩 辨慶《べんけい》　東山店 ← 徒歩 efish《エフイッシュ》 ← 徒歩 六道珍皇寺《ろくどうちんのうじ》

京の夏の夕暮れ、五条坂陶器まつり

て数多《あまた》の名工、名窯《めいよう》が集まった清水焼《きよみずやき》発祥の地。往年の賑わいはなくなったとはいえ、今でも伝統と技術が大切に守られているエリアです。

掘り出し物を探して、五条大橋から

陶器まつりの日には五条通の北側と南側の歩道（**五条大橋**から**東大路通**にぶつかるまでの東西約700m）に、びっしりとテントが張られ、実に約400軒もの出店がずらりと並ぶさまは圧巻。五条大橋から北側の歩道をゆっくり見て歩き、主に京都の若手作家さんの作品を少しずつ買ってみるのもいいでしょう。

露店だけではなく、ふだんは少し入りにくい陶器屋さんや窯元にも気軽に入れるのがこのおまつりの特徴。

たとえば、会場のちょうどなかほどにある「**清水家《しみずけ》**」は、人間国宝の故・清水卯一《ういち》さんが昭和20年から仕事場を設けた場所で、今はその息子である保孝《やすたか》さん、孫の志郎《しろう》さんの作品を手に取ってみることができます。

暑さに参ってしまったら、五条通からわき道へ逸れ、「**河井寛次郎《かんじろう》記念館**」を目指

右上、右下、左下・河井寛次郎記念館。寛次郎さんの暮らしぶりを思いながら時を過ごす／左上・娘たちのために制作した帯留め（非売）

します。

ここはもちろん、陶器まつりの日でなくとも訪れたい場所。明治に生まれ、大正、昭和と京都を拠点に活躍した陶芸家・河井寛次郎さんの住まいを一般公開している記念館です。

共に暮らしたご家族がその運営に携わっておられるためか、今でもまだ、寛次郎さんがいらっしゃるような気配を保ったすてきな館。島根県・出雲《いずも》の民家を移築、改築したこの建物には、京の町家とは異なる魅力があります。真夏の光と風がほどよくと取り込まれた建物には、涼やかですてきな時間が流れているのです。

歩き疲れておなかが減ったら「**辨慶**《べんけい》」へ、というのがお決まりのコース。

陶器まつりの期間中は1日じゅう行列ができているけれど、行列嫌いの京都人も多少はがまんして並んでいます（笑）。

カウンター席の正面の壁にずらりと掲げられたメニューを眺めると、迷いに迷ってしまいますが……すじ肉と辛いきんぴらが入ったスタミナうどんを食べてみてください。暑い暑いと言いながらも、やっぱりアツアツをいただくのがいいのです。

スタミナうどんを食べる元気がない……というときには、鴨川を西へ渡ってカフェ

右上・六波羅（ろくはら）界隈の日常／
左上・六波羅蜜寺（ろくはらみつじ）／
下・クリエイターズ長屋のあじき路地

「**efish**《エフィッシュ》」へ。窓一面に広がる鴨川を眺めながら、甘くて冷たいドリンクをキュッと味わうのもまた一興です。

六波羅《ろくはら》界隈《かいわい》にも足を伸ばして

そもそも陶器まつりがこの時期に開催されるのは、すぐそばの**六道珍皇寺**《ちんのうじ》でお盆に向けてご先祖の霊（お精霊《しょらい》さん）をお迎えする「**六道**《ろくどう》**まいり**」が行なわれるから。

六道珍皇寺へお詣りすることができたら、近くの**あじき路地**《ろおじ》を訪ねてみるのもおすすめです。ここは、昔ながらの趣を残す長屋を生かしたアトリエやショップが並ぶ注目の路地。気になる扉を開ければ、新しい出会いや発見がきっとあります。

お迎えした精霊は16日の五山《ござん》の送り火で再びあの世へ送られます。

ようやくクライマックスを迎えたと思った夏は、お盆がすぎるとすぐに終わりを告げてしまうのです。

私の寄り道情報

五条坂陶器まつり

東山の五条坂

河井寛次郎記念館

京都市東山区五条坂鐘鋳町 569
TEL　075-561-3585

辨慶　東山店

京都市東山区五条大橋東入ル東橋詰町 30-3
TEL　075-533-0441

六道珍皇寺

京都市東山区松原通東大路西入ル小松町 595
TEL　075-561-4129

清水家

京都市東山区五条橋東 5 丁目 477
TEL　075-561-3933

efish

京都市下京区木屋町通五条下ル西橋詰町 798-1
TEL　075-361-3069

【寺町通】

意外？ 納得？ 夏の京都のエスニック散歩道

京都で、なにが食べたい？

とたずねてみると、「この季節ならやっぱりハモ！」「贅沢な懐石料理！」といった答えより、「うーん。京都っぽいもので、でも値段は手頃で、おばんざい（家庭の惣菜）みたいな感じのもの」という声が多い。

おばんざいだってもちろんおいしいけれど、同じくらいカジュアルに食を楽しみたいなら、真夏の京都に限って言えば、エスニックレストランがおすすめです。

京都でエスニック？と、ピンとこない人もいるかもしれませんが、これが京都特有の夏の暑さには抜群にマッチするのです。ご案内するのは、**寺町通**です。

START!
青葉《ちんえい》
← 徒歩
グランピエ丁子屋《ちょうじや》
← 徒歩
民族楽器コイズミ
← 徒歩
本能寺《ほんのうじ》
← 徒歩
タイ料理カフェ カティ

「本能寺」境内

京都人のエスニック好きは、暑い夏の対処法

寺町通には、その名の通り、大小の寺院がずらりと並んでいます。並べたのは、豊臣秀吉。お寺があれば街も自然と活気づくもので、かつては数珠屋《じゅず》さん、筆屋さんなど、お寺にまつわるモノを扱う多くの商家、細工職人の工房が軒《のき》を連《つら》ねたそうです。

そんな気配がまだ少し残っているように思えるのは、とくに御所から京都市役所のあたりまでのエリア。ここは、和文具店や老舗茶舗、金工《きんこう》細工のお店や骨董屋など、一軒ずつ覗きながらそぞろ歩くだけでもずいぶんと楽しい街です。

もともとその寺町通沿いにあったけれど、今は２本お隣の細い通りにある台湾料理の**「青葉《ちんえい》」**。台湾出身のおかあさんが切り盛りするヘルシーな台湾家庭料理の店で、おばんざいが「家庭料理」を指す言葉なら、いっそ青葉の料理もおばんざいと呼んでしまいたいほど、京都っ子に愛されています。とくに８００円の日替わりランチは、気軽な定食風で大人気です。

寺町二条のグランピエ丁子（ちょうじ）屋。センスよく選ばれたエスニック雑貨は、京町家の暮らしにもよく似合う

思わず「ほっこりする」とっておきスポット

寺町通に戻って、ふるい暖簾の中を興味深く覗きながら歩いていると、商家を丁寧に改装した建物に、すてきなエスニックショップが入っています。

ここもまた京都人が大好きなお店「**グランピエ丁子屋**《ちょうじや》」。

釘やフックのような小物から、センスのいい李朝家具まで……エスニックな香りがする雑貨が店内をぎっしり埋め尽くし、意外にも京都の町家とエスニックインテリアの相性が良いことを教えてくれます。並びの骨董屋さんや古道具屋さんにもなじむ、ちょっとシックな店構えもすてきです。

古書店や金工細工の店、竹細工店など、気になるお店のウインドーをのぞきながら南へ下がると、京都市役所のある御池通《おいけ》へ出ます。この御池より南の寺町通は四条通までアーケード街になっていて、ぐっと繁華街的な雰囲気に。

そのアーケードが始まってすぐ、異彩を放っているのが民族楽器の「**コイズミ**」。どうやって鳴らすのかわからないような楽器が店内いっぱいに並ぶお店だけれど、

右・台湾料理青葉のランチ800円／
左・まるでおもちゃ箱のような民族楽器コイズミ

京都へやってくるトップミュージシャンが欠かさずチェックする隠れた名店。雑貨のような小さな鈴や笛や親指ピアノはリーズナブルで、音楽家でなくとも楽しめます。

それに、レジの周りにはいつも、あまり目にしない打楽器をポコポコと叩いている、スタッフかお客さんかわからないような人がいたりして、誰でも和《なご》んでしまうおもしろいお店です。

そのお向かいには、**本能寺《ほんのうじ》**。修学旅行生や観光客がわんさか訪れています。とはいえ、これも秀吉によって移転された後のお寺なので、本能寺の変があったのは、本当はココではありませんが……。

夜は寺町を少し逸れて、「**タイ料理カフェ カティ**」へ。タイ人シェフのジャックさんが、まるで京都人の好みを心得たかのような絶妙なタイ料理を提供してくれます。

夏の京都の湿度の高さに辟易したら、こうして別な目で街を眺めてみるのも一手。きっと、〝イケズ〟でも〝はんなり〟でもない、ほっとできる、日常の京都が見えてきます。

青葉

京都市上京区新椹木町通丸太町下ル東土御門町 343-1
TEL　075-211-8871

タイ料理カフェ　カティ

京都市中京区夷川通麩屋町西入ル木屋町 488-1　WOOD ビル 2F
TEL　075-211-1282

民族楽器コイズミ

京都市中京区寺町通御池下ル 518
TEL　075-231-3052

グランピエ丁子屋

京都市中京区寺町二条上ル常盤木町 57
TEL　075-213-1081

本能寺

京都市中京区寺町通御池下ル下本能寺前町 522
TEL　075-231-5335

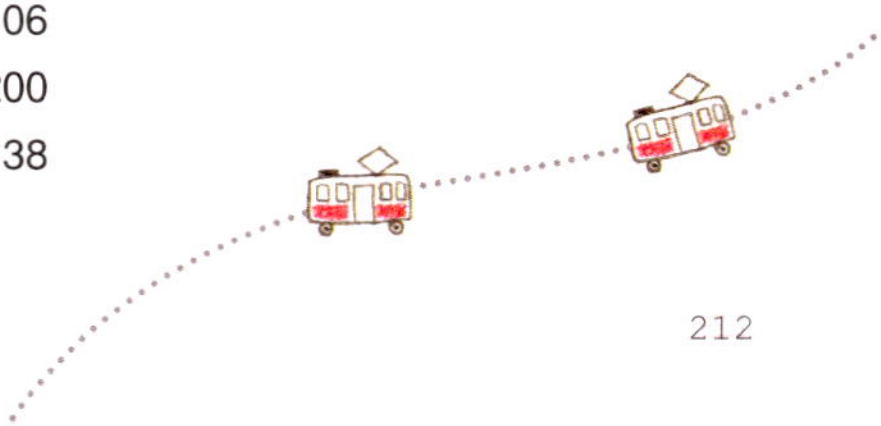

食べる・買う

もっと京都が好きになる！

「すてきなお店」

「おいしいお店」

さくいん

観る・遊ぶ

定番から穴場まで……
「とっておきの場所」を
見つけてください

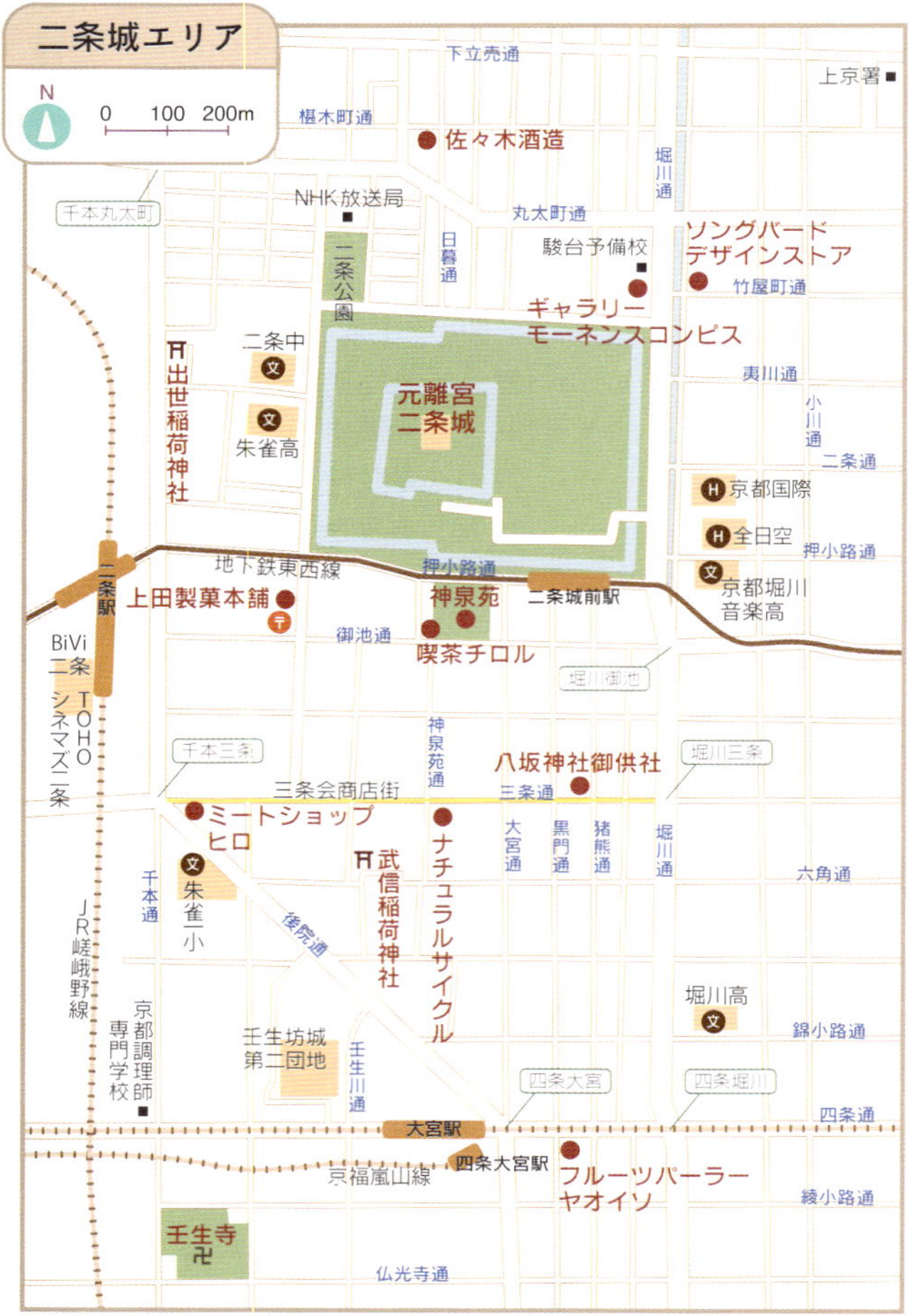
二条城エリア
N
0 100 200m
下立売通
上京署
椹木町通
佐々木酒造
堀川通
千本丸太町
NHK放送局
丸太町通
日暮通
駿台予備校
ソングバード
デザインストア
二条公園
竹屋町通
ギャラリー
モーネンスコンピス
二条中
出世稲荷神社
夷川通
元離宮
二条城
小川通
朱雀高
二条通
京都国際
全日空
押小路通
地下鉄東西線
押小路通
二条駅
上田製菓本舗
神泉苑
二条城前駅
京都堀川
音楽高
御池通
喫茶チロル
BiVi
二条
TOHO
シネマズ二条
堀川御池
神泉苑通
千本三条
八坂神社御供社
堀川三条
三条会商店街
三条通
ミートショップ
ヒロ
ナチュラルサイクル
大宮通
黒門通
猪熊通
堀川通
武信稲荷神社
六角通
千本通
朱雀一小
後院通
JR嵯峨野線
堀川高
京都調理師
専門学校
壬生坊城
第二団地
壬生川通
錦小路通
四条大宮
四条堀川
四条通
大宮駅
四条大宮駅
京福嵐山線
フルーツパーラー
ヤオイソ
綾小路通
壬生寺
仏光寺通

西陣エリア
N
0 250 500m
今宮神社
一和
佛教大
大徳寺
今宮門前通
船岡東通
今宮通
大宮通
堀川通
紫野通
キタオオジタウンビブレ
北大路駅
大谷大短大
京都教育大
賀茂川
新町通
金閣寺
金閣寺前
北大路通
千本北大路
船岡山公園
船岡山
建勲通
若宮神社
茶洛
紫明通
わら天神宮（敷地神社）
鞍馬口通
船岡温泉
さらさ西陣
上御霊前通
鞍馬口駅
御霊神社
千本閻魔堂
寺之内通
カライモブックス
宝鏡寺（人形寺）
小川店
俵屋吉富
地下鉄烏丸線
西大路通
西陣病院
千本通
妙蓮寺
日吉屋
報恩寺
上立売通
平野神社
天神川
千本釈迦堂（大報恩寺）
雨宝院
五辻通
逃現郷
珈琲
白峯神社
同志社大
千本今出川
今出川通
今出川駅
北野天満宮
上七軒
静香
元誓願寺通
今出川新町
上京区役所
谷川花店
笹屋町通
堀川今出川
烏丸今出川
上京署
粟餅所・澤屋
浄福寺
一条戻り橋
北野白梅町駅
智恵光院
一条通
中立売通
上京税務署
浄福寺通
智恵光院通
烏丸通
京都府庁
新町通
堀川

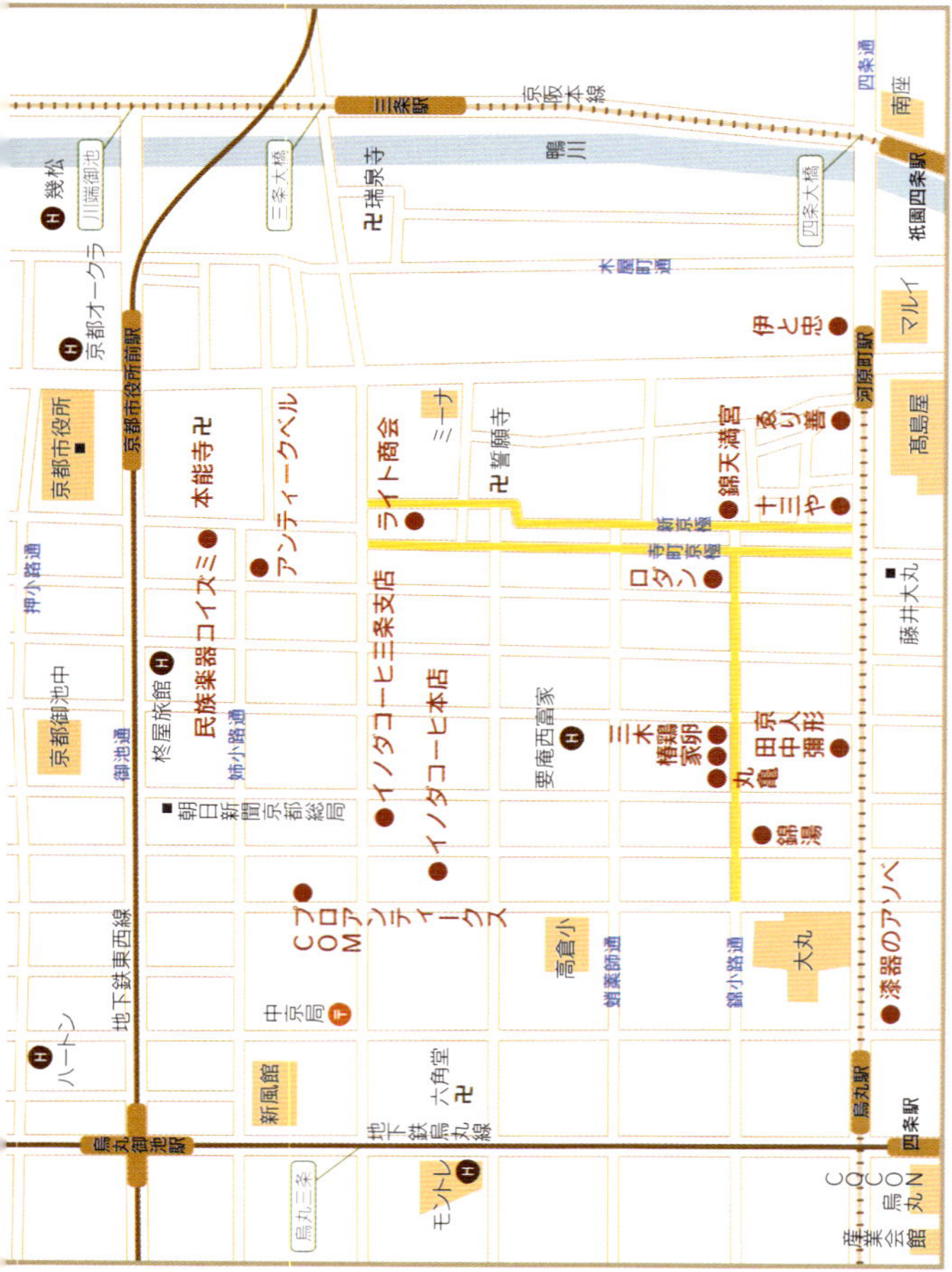

幾松
川端御池
京都オークラ
京都市役所
京都市役所前駅
三条大橋
三条駅
京阪本線
鴨川
瑞泉寺
四条大橋
祇園四条駅
南座
四条通
木屋町通
伊と忠
マルイ
河原町駅
高島屋
本能寺
アンティークベル
ライト商会
ミーナ
誓願寺
錦天満宮
ゑり善
十三や
新京極
寺町京極
ロダン
藤井大丸
押小路通
京都御池中
御池通
柊屋旅館
民族楽器コイズミ
姉小路通
イノダコーヒ三条支店
イノダコーヒ本店
要庵西富家
三木鶏卵
椿家
丸亀
京人形 田中彌
錦湯
朝日新聞京都総局
プロアンティークスCOM
高倉小
蛸薬師通
錦小路通
大丸
漆器のアソベ
中京局
地下鉄東西線
ハートン
新風館
六角堂
地下鉄烏丸線
烏丸御池駅
烏丸三条
モントレ
烏丸駅
四条駅
COCON烏丸
産業会館

御所南エリア
N
0
100
200m
京都御所
鴨沂高
荒神口
荒神口通
荒神橋
法務局
かもがわカフェ
STOCK ROOM
ボンボランテ
河原町通
京阪鴨東線
トリバザール
草星
毎日新聞
京都ビル
寺町通
モリカゲ
シャツキョウト
神宮丸太町駅
丸太町通
下御霊神社
青葉
河原町丸太町
丸太町駅
裁判所
行願寺
竹屋町通
東洞院通
間之町通
高倉通
堺町通
柳馬場通
富小路通
麩屋町通
御幸町通
新烏丸通
新椹木町通
夷川通
銅駝美術工芸高
川端通
タイ料理カフェ
カティ
フィンガーマークス
グランピエ丁子屋
二条通
税務所

安井金毘羅宮
宮川町歌舞練場
恵美須神社
金網つじ
八坂通
八坂の塔
二寧坂
六道珍皇寺
八坂庚申堂
かさぎ屋
松原通
木屋町通
大黒湯
六波羅蜜寺
東山区役所
東山消防団本部
清水道
六波羅裏門通
産寧坂
河原町五条
川端五条
清水五条駅
辨慶 東山店
若宮八幡宮
東山署
五条坂
地主神社
清水寺
清水新道（茶わん坂）
清水家
efish
鞘町通
本町通
東山局
五条通
東山五条
渋谷通
河井寛次郎記念館
大谷本廟
鴨川
馬町
京都国立博物館
京都女子高・中
七条通

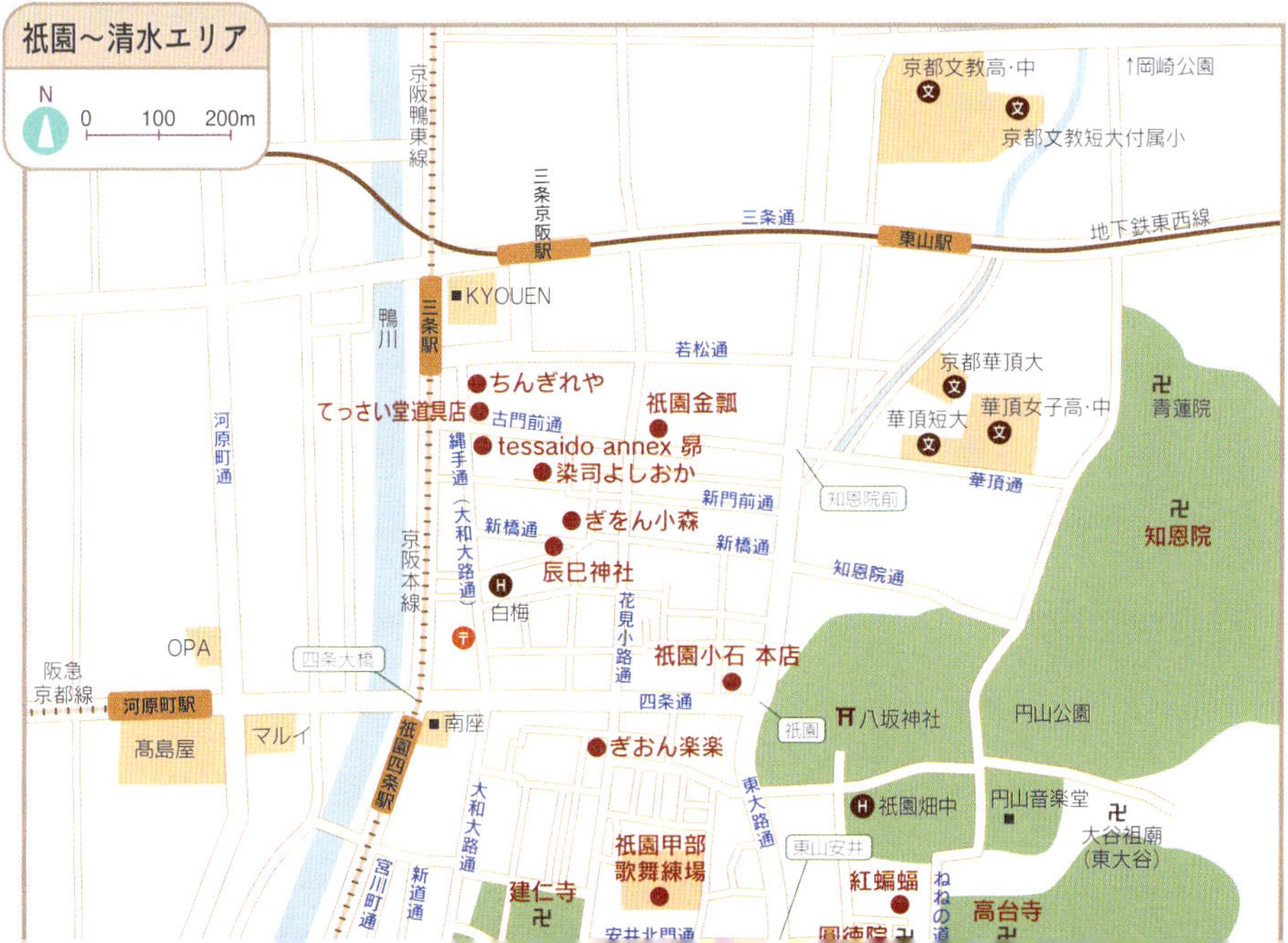

祇園～清水エリア
N
0
100
200m
京阪鴨東線
三条京阪駅
三条通
東山駅
地下鉄東西線
京都文教高·中
京都文教短大付属小
↑岡崎公園
KYOUEN
三条駅
鴨川
若松通
京都華頂大
華頂短大
華頂女子高·中
青蓮院
ちんぎれや
てっさい堂道具店
古門前通
祇園金瓢
縄手通
tessaido annex 昴
染司よしおか
新門前通
華頂通
知恩院前
知恩院
河原町通
新橋通
ぎをん小森
新橋通
辰巳神社
知恩院通
京阪本線
（大和大路通）
白梅
花見小路通
OPA
四条大橋
祇園小石 本店
阪急京都線
河原町駅
四条通
祇園
八坂神社
円山公園
南座
マルイ
高島屋
ぎおん楽楽
祇園四条駅
東大路通
祇園畑中
円山音楽堂
大谷祖廟
（東大谷）
大和大路通
祇園甲部歌舞練場
東山安井
紅蝙蝠
ねねの道
宮川町通
新道通
建仁寺
安井北門通
高台寺

本書は、本文庫のために書き下ろされたものです。

写真提供（P12～13）デジタルアーカイブ・ジャパン

読《よ》んで歩《ある》く「とっておき」京都《きようと》

著者　高橋マキ（たかはし・まき）
写真　内藤貞保（ないとう・さだほ）
発行者　押鐘太陽
発行所　株式会社三笠書房
〒102-0072 東京都千代田区飯田橋3-3-1
電話　03-5226-5734（営業部）03-5226-5731（編集部）
http://www.mikasashobo.co.jp
印刷　誠宏印刷
製本　宮田製本

Printed in Japan　ISBN978-4-8379-6617-3　C0126

王様文庫